농사꾼 시인
오형록

희망일기

농사꾼 시인
오형록

희망일기

문학들

프롤로그

내게도 희망은 있다

1980년대 후반, 나는 서울에서 작은 수출업체 표구 기술자로 근무하던 중 사촌 동생의 소개로 지금의 집사람을 만나 결혼했다. 그 당시 염창동 도시가스 뒤편에 있는 작은 전세방에서 우리는 단란한 신혼 생활을 시작했다. 그런데 한 거실을 공유하는 전셋집 주인과 갈등이 심각했다. 둘 다 소심했던 우리는 편하게 쉬어야 할 집이 마치 지옥에 온 것 같은 착각을 했다.

그 와중에 집사람은 임신했다. 연로하신 어머님을 모셔야 한다는 사명감으로 방이 많은 전셋집을 마련하고자 노력했지만 자금 부족으로 차선책인 귀농을 선택하게 되었다.

1990년 2월 어느 날, 우리는 보리밭 둑을 걷고 있었다.
"이게 누구야 형록이 아니냐?"
"네 아저씨! 그동안 안녕하셨어요?"
싱그러운 풀냄새와 구수한 사투리에 그동안 억압되었던 긴장감이 한순간에 풀렸다. 대나무로 둘러싸인 마당에 들어서기 바쁘게 얌실이 녀석이 연방 꼬리를 흔들며 반기었고, 뒤이어 아버님께서 뛰어나오셨다. 덥수룩한 수염과 검정고무신을 신은 아버님께서 "그래 잘 왔다." 하시며 따뜻하게 손을 잡아주었다.

1990년 7월, 재롱둥이 딸이 태어났다. 부모님께서는 아들이 아니어서 잠시 실망했지만, 세상 그 누구보다 어여뻐하시며 금이야 옥이야 보살펴주셨다. 우리는 아버님께서 임대로 얻어주신 논과 밭에 씨를 뿌리고 열심히 일했지만 큰 소득은 없었다.

이런 농사로는 부농의 꿈을 실현할 수 없음을 깨닫고, 개를 사육해 보겠다고 강아지 30마리를 구해 열심히 보살폈다. 그들은 무럭무럭 자라 수태를 했고 강아지를 낳았다. 그런 와중에 집사람이 둘째를 가졌는데, 이상하게 임신한 개들이 죽어갔다.

그러자 주변 어르신들이 애 엄마와 아기를 위해 개 사육을 중지할 것을 권장하셨고 우리는 이에 따를 수밖에 없었다.

1991년 12월, 그렇게도 기다렸던 우리 집 대주가 태어났고, 우리는 그 기쁨에 시간 가는 줄 몰랐다.

1992년 11월, 우리는 정부보조사업으로 비닐하우스 300평을 가족들과 힘을 모아 시공하였다. 그리고 그곳에 고추 모종을 심었다.

고추 모종은 신기할 정도로 건강하게 자라 탐스러운 꽃망울을 머금었다. 정성을 다해 밭을 갈고 퇴비를 뿌리고 쇄토 작업을 한 다음 관리기로 두둑을 만들고 비닐멀칭을 하여 정식 준비를 마쳤다.

아침에 육묘 하우스에 들어간 순간, 아니 이럴 수가! 모종이 나물처럼 시들어 있었다. 어젯밤 뚝 떨어진 기온 탓이었다. 모종들은 하나둘 이승과 이별을 고하고 있었다.

때는 11월 초. 절망과 후회만 하고 있을 수는 없었다. 하우스를 놀릴 수 없어 고심 끝에 오이 종자를 사다가 고추를 정식하려던 하우스에 직파했다. 그리고 싹이 나오길 기다렸는데 일주일이 지나고 열흘이 되어도 떡잎은 보이지 않았다. 땅을 파 보니 고자리파리(작은 해충) 유충이 씨앗을 먹어 빈껍데기만 남아 있었다.

경험이 없어서 저온기에 직파했고 토양 살충제를 뿌리지 않은 것이 문제였다. 때는 어느새 12월. 수소문을 하여 오이 농가를 찾아가 문의했더니 전문 기술이 필요하고 저온기에는 반드시 접목 재배를 해야 한다고 했다.

새로 종자를 구하여 전열선을 깔고 파종한 뒤 거적으로 잘 덮어주었다. 다음 날 상토를 헤치며 볼록볼록 떡잎이 고개를 내밀었고 그 아름다운 모습에 넋을 잃었다.

그러나 그날 밤 함박눈이 폴폴 내려와 육묘 하우스를 덮었다. 한밤중에 걱정이 되어 들어가 보니 아니나 다를까 전원이 꺼져 있었다. 살펴보니 낮에 관수를 했는데 전에 쓰던 전열선을 사용한 것이 원인이었다.

날씨는 점점 추워졌고, 그대로 얼려 버릴 수 없다는 생각에 커다란 깡통을 쪼개고 그곳에 폐유를 붓고 장작불을 지폈다. 다음 날 육묘 하우스는 온통 그을려 있었고 모종은 겨우 목숨을 연명하여 신음하고 있었다. 아~ 이럴 수가! 이럴 수는 없다. 지금 생각해 보면 정말 미련한 선택이었지만 그때는 최선이라 생각했었다.

깨끗한 물로 씻어내고 전열선을 사다 다시 깔아 정성으

로 보살피니 겨우 회복할 수 있었고 며칠 후 호박 대목에 접목을 시작할 수 있었다.

드디어 하우스에 오이 모종을 심었다. 온풍기가 요란한 소리를 내며 힘찬 출발! 그런데 이상하게 모종은 더 이상 생육하지 못하고 있었다. 지온이 내려간 탓이었다. 우리는 드럼통을 쪼개고 산에서 장작을 모아 물을 데워 미지근한 물을 관수하였고, 하룻밤이면 수십 번씩 열풍기를 점검하는 등, 온갖 노력을 기울였다.

그러나 약 한 달간 오이는 자라지 못했고 기름통의 기름은 자꾸만 줄어들었다. '하우스 농사가 이렇게 어려운 것인가.' 그래도 포기할 수는 없었다. 여기에 투자한 자본과 정성을 생각하면 잠이 오지 않았고 주위에서 모두가 비웃는 듯하였다.

지성이면 감천이라 했던가! 깊은 잠에서 깨어난 오이가 자라기 시작했다. 날이 풀리면서 지온이 상승했기 때문이다. 하늘이 도왔는지 기나긴 잠에서 깨어난 오이는 쑥쑥 자라 3월 중하순 첫 수확을 할 수 있었다. 정말 하늘을 날아갈 듯이 기뻤다.

그해 6월까지 수확의 기쁨을 누렸고, 장마를 정점으로 수확을 마무리하고 결산을 해 보았다. 생산비를 빼고 나니 몇 푼 남지 않았다. 인건비도 건질 수 없는 폐농이었다.

이 이야기는 빙산의 일각에 지나지 않는다. 그래도 포기하지 않았기에 얻어진 그때의 결실은 지금까지 삶의 원동력이 되었다. 15~16년 동안 영농기술을 쌓으며 고추 오이 참외 방울토마토 재배로 생활의 안정을 가져온 디딤돌이 되었다. 오이를 수확하여 강진 해남 완도 진도 등 5일장을 돌며 직접 산매도 하고 도매도 하였다. 이듬해에도 어김없이 고추 오이 열무 배추 무 등을 심고 가꾸며 5일 시장을 돌며 늦은 밤까지 온갖 노력을 아끼지 않았다.

그러던 어느 날 새벽 4시. 일이 많아 애들 엄마는 집에 남고 오이와 고추를 싣고 어머님과 완도읍장으로 달리던 중 자동차가 도로를 이탈해 인근 논으로 곤두박질했다. 얼마나 시간이 지났을까. 정신을 가다듬으니 뿌지직 계기판 부근에서 냄새와 함께 연기가 피어올랐다.

둘러보니 안전띠를 맨 어머님과 나란히 수렁논에 처박힌 차 안에 앉아 있었다. 새벽에 사고를 목격한 어르신에 따르면 차가 두어 바퀴 굴러서 논에 처박혔다고 했다. 누적된 피로로 인한 졸음운전이 원인이었다.

다행히 큰 부상은 없었지만, 자동차는 폐차장으로 견인되었다. 이 사고를 기점으로 건강과 생명의 소중함을 깨우

쳤고 우리는 직판을 포기하고 생산물 도매와 농사에만 전념하기로 했다. 사고 후 한동안 운전을 할 수 없었다.

다시 용기를 내어 하우스를 증축하고 누구보다 열심히 일했다. 그러던 중 어머님이 피를 토하며 쓰러지셨다. 기관지 확장증이라 했는데 3~6년에 걸쳐 벌써 세 번째 쓰러졌다. 전남대병원 응급실에서 3일 만에 극적으로 피가 멈추었고 새로운 삶을 얻을 수 있었다. 어머니께서 또 다른 병 파킨슨으로 투약을 받은 지 벌써 5년째다. 이렇게 몇 가지 약으로 연명하고 계신 어머님 거동이 자유롭지 못하니 바라볼 수밖에 없는 가슴은 찢어질 것만 같다.

다시 시간을 거슬러 2003년 5월 불볕 하우스에서 비지땀을 흘리며 오이 수확을 하던 중 정신이 맑아지더니 번개처럼 시상이 스쳤고 가슴속에 묘한 소용돌이가 일어났다. '땀 한 방울로' 이 글을 시점으로 일의 노예로 전락한 자신을 발견하고 촌각의 시간을 아껴가며 글공부에 전념하게 됐다.

그해 겨울 난생처음으로 응모한 문학상에 입상했다. 그 소식을 듣던 날 하염없이 흐르는 눈물을 주체할 수 없었다. 이렇게 내 인생의 부동의 이정표를 세우며 문학 향기에 매료되었고 지금도 잃어버린 자아를 찾아서 온 힘을 기울이고 있다.

　갈수록 각박해지는 사회에 많은 사람의 가슴에 희망과 용기를 불어넣는 한줄기 등불과 같은 희망의 메시지를 전달하는 것이 내 인생의 목표가 되었다.

| 차례 |

프롤로그
내게도 희망은 있다					4

제1장 삶-대파를 심어 놓고

앙고라토끼	17
배추 폐기 처분	20
하우스에 새 옷을 입히며	22
오이 접목하던 날	27
천사의 미소	31
깔따구와 보리밭	37
밀밭에 앉아	39
할 수 있어	42
육묘장 가던 날	45
은잎가루이의 기습	47
첩첩산중	50
탐스러운 행복	53
고추 폐기 처분	56
대파를 심어 놓고	59

제2장 사람들 – 내 자리만 지킬 수 있어도

내 자리만 지킬 수 있어도	65
생존과 인연	68
길 잃은 강아지와 아줌마	71
인간 승리	73
할머니의 겨울	76
아저씨의 죽음	80
마지막 순간까지	83
특송 KTX	85
설 연휴	87
개명	90
주는 기쁨 받는 행복	93
어머님	95
응급실에서	97
희망의 717호	100
사랑의 유효기간	104
2003년 하계휴가	107
홀로서기	111
김장과 알레르기	115
내게도 형님이	120

제3장 문학-중투호를 찾아서

혹부리 아저씨	127
한도 초과	130
마음	132
사랑의 존재와 의미	135
고향	138
바람 불던 날	143
무릉도원(武陵桃源)	145
개미에게 받은 메시지	148
현대인과 음주문화	152
포대(布袋)에 담긴 양심	155
말	158
상처와 치유	160
중투호를 찾아서	162
황산의 노래	165
죽음을 기다리는 사람들	173
상상의 한계를 뛰어넘어라	176
진주 영호남 교류전 후기	179
윤선도와의 인연	185
시화전을 마무리하며	189
인연과 약속	193
일본 여행기	201

에필로그 오늘 하루가 선물입니다   214

제1장
삶-대파를 심어 놓고

거북이처럼, 아니 지렁이가 기어가는 것처럼 좀처럼 능률이 오르지 않아 몇 번이고 포기하고 싶은 마음이 간절하였지만 희망의 끈을 놓을 수는 없었다. 조금만 더 참고 해보자. 바람 앞에 등불인 줄 알면서도 최선을 다하자고 입술을 깨물었다.
비로소 내가 살아 있음을, 나의 존재를 알 것도 같았다. 파르르 떨리는 손, 떨리는 가슴, 체온은 점점 떨어져 가고 내가 하늘 아래 미미한 존재일 뿐임을….

- 「탐스러운 행복」 부분

앙고라토끼

앙고라토끼 20마리로 부농의 꿈을 꾸었다. 날마다 또당또당 망치질에 하루해가 번쩍번쩍 지나갔다.

빠른 증식을 위해 해남읍 시장에서 재래종 토끼를 사다가 임신 주기를 맞추어 유모로 활용했다. 토끼의 임신 기간은 약 28일이다. 새끼들은 설명하기 어려울 정도로 깜찍하고 아름답고 순수하여 쳐다보기만 해도 배가 불렀다. 우르르 몰려다니며 재롱부리는 녀석들을 보노라면 하루하루가 즐겁기만 했다.

드디어 처음으로 털을 깎는 날, 발버둥 치는 토끼를 붙잡고 털을 깎는 작업은 정말 힘들었다. 그 귀엽던 녀석들은 온몸이 상처투성이가 되어 몰골이 말이 아니었다. 녀석들에게 너무너무 미안했다. 안쓰러워 머큐로크롬을 발라주고 쓰다듬어주면서 고맙고 미안한 마음을 전했다.

행복한 콧노래와 망치 소리는 행복 열차의 행진처럼 저 산 너머로 메아리쳤다. 20마리로 시작했던 토끼 사육은 1년 만에 500마리 이상의 성공을 거두었고, 그들을 보살피느라 하루해가 짧기만 했다. 이제는 가위질도 제법 늘었고 토끼의 눈빛만 봐도 그 마음을 읽을 듯했다.

그러나 세상은 그리 호락호락하지 않았다. 중국과의 수교가 문제였다. 당시 7만 원 하던 토끼털 값이 반 이상 폭락하며 사료 값 이하로 내려가 버렸다. 하루아침에 꿈을 접을 수밖에 없었다. 하늘이 무너져도 그보다 아프지는 않았으리. 비통한 마음은 파도를 타고 망망대해로 끝없는 방랑을 하며 그 많은 짠물을 벌컥벌컥 마시고 또 마셨다.

토끼를 원하는 곳이면 무료로 나누어 주었다. 일주일 후, 텅 빈 토끼장만이 을씨년스런 모습으로 덩그러니 남아 있었다. 고독을 씹으며 형용할 수 없는 가슴앓이로 수많은 밤을 지새야 했다.

단순한 원리를 기초로 토끼 사육을 시작한 것이 돌이킬 수 없는 결과를 가져온 것이다. 세상엔 생각하지 못한 일들이 수없이 일어난다. 한중 수교로 토끼털 값이 반으로 폭락할 줄 누가 알 수 있었으랴. 기후는 물론 정치와 세계 정세가 우리의 삶을 지배하고 있다는 것을 뼈저리게 체험하였다.

배추 폐기 처분

올해는 배추가 풍년이다. 작년 가격이 좋아 많이 심은 것이 원인이지만 무분별한 수입이 농심을 멍들게 하고 있다. 원자재와 인건비 상승으로 어려운 환경인데, 중국산 절임배추 수입으로 김치맛을 떨어트리고 있다. 우리 농민을 생각하며 하지 말아야 할 일을 스스럼없이 행하는 사람들이 미워졌다.

요즘 마을 곳곳에 가슴 아픈 현상이 벌어지고 있다. 애지중지했던 월동배추밭을 갈아엎고 있기 때문이다. 배추 모종부터 정식, 관수, 추비, 농약, 결속에 이르기까지 정성을 다했던 배추밭을 눈물을 머금고 갈아엎는 농민의 마음은 어떨까? 당신은 한 번이라도 농민의 처지에서 생각해 본 적이 있는가?

성난 트랙터의 울음소리, 폐기 처분으로 갈기갈기 찢겨 나가는 처참한 몰골에 트랙터라고 마음이 편할 리는 없겠지. 성난 트랙터의 검은 콧바람이 하늘로 솟아올랐다. 국민 다수를 위해 왜 힘없는 농민들만 피해를 봐야 하는가. 정부에서 농민을 위한 적절한 대책을 세워주었으면 좋겠다.

배추 값이 좋을 때 사실상 이득을 챙기는 것은 상인들이다. 이것을 방지하는 차원에서 농협에 계약 재배를 하지만 농협 또한 자기들 이익을 채우기 급급한 실정이다. 개인의 힘보다 단체의 힘이 강할 수밖에 없다지만 그 힘을 조합원 개개인에 골고루 나누어줄 수 있는 제도적 보완이 시급한 사항이다.

우리 농촌을 살리는 길은 우리 국민 개개인의 손에 달렸음을 명심하고 다 함께 노력해 주었으면 좋겠다.

농자천하지대본(農者天下之大本)이라 하지 않았던가. 우리 것의 소중함을 다시 한번 인식하고 농민은 물론 국민 모두 한마음 한뜻으로 우리 것을 애용했으면 한다.

하우스에 새 옷을 입히며

  비닐은 6개월이 지나면 광 투과량이 줄어 수확량이 급감하기 때문에 매년 바꾸어 주어야 한다. 처음에는 마을 사람을 불러 작업을 했지만, 지금은 많은 경험과 요령이 생겨 우리 식구 넷이 비닐 교체 작업에 나서고 있다. 둘은 하우스 위에서, 할아버지와 할머님은 하우스 아래서 원활한 작업이 되도록 돕는다.

  하우스에 작물이 입식된 상태라 일기 예보를 몇 번이고 관찰한 다음 바람이 없는 날을 선택한다. 땅거미가 채 가시기 전, 냉수 한 사발을 벌컥벌컥 마시고 소도구를 챙겨

수북한 이슬을 밟으며 우리 부부는 용감하게 하우스에 매달려 약 200평 한 동의 비닐을 뜯기 시작한다.

먼저 끈을 풀고 스프링을 뽑고 비닐을 철거한다. 이슬을 가득 머금어 미끄러운 3~5미터 높이의 하우스 지붕을 넘나들며 비닐을 잘게 가르고 둘둘 말아 아래로 내려준다.

이렇게 철거가 끝나면 11시~12시가 된다. 언제 바람이 불지 모르니 서둘러야 해서 빵 한 개와 우유 한 개로 배를 채우고 새 비닐을 올린다. 200평을 덮을 비닐이라 혼자서 들기 힘들 정도로 무겁다. 먼저 2중 비닐을 올린다. 이 작업은 많은 손이 필요하지만 요령이 생겨 아래서 할아버지 할머니가 비닐을 펴서 잡아주시고 우리 두 사람은 비닐을 끌어당긴다.

영차! 영차! 여러 개의 지지대와 로프, 기계의 힘을 빌려서 조심스레 새 옷을 입히기 시작한다. 이렇게 2겹의 비닐을 올리고 하나씩 펼치고 잡아당겨 비닐을 고정하는 스프링을 꼽는다. 오후에는 대부분 바람이 불기 때문에 최대한 일을 재촉한다. 낙하산 원리를 생각하면, 바람이 조금만 불어도 작업이 더디고 때로는 불가능해진다는 걸 이해할 수 있으리라.

오후 4시 또는 5시쯤 스프링 작업을 끝내고 점심을 먹는다. 만약 바람이 심하게 불면 비닐을 펼치지 않고 그대로 하우스 골재에 묶어두기도 한다. 그런데 만약 그 시기가 춥고 작물이 들어 있는 겨울이라면 이유 불문하고 비닐이 다소 찢기더라도 그날 작업을 마무리해야 한다. 그렇지 못하면 작물이 얼어 죽기 때문이다.

일단 스프링 작업이 끝나면 어지간한 바람이 불어도 견딜 수 있어서 대부분 작업을 종료한다. 그때까지는 화장실도 참아야 하는 경우가 많다. 더구나 심한 바람이 불면 마구리 비닐이 마구 펄렁거려 밤늦게까지 작업을 해야 한다. 참고로 200평 한 동을 깔끔하게 마무리하려면 3일가량 걸린다.

하우스에 새 옷을 입히는 사이사이 작물 관리도 해야 하지만 수확기가 아니면 피해를 감수할 때가 많다.

2002년 11월 초. 어느 날 아버님 생신이라 동생들이 내려온다고 한다. 연휴 시간을 틈타 어려운 비닐 작업을 도와주겠다고 한다. 비닐하우스 600평은 마무리를 하였고 600평이 남아 있는 상황이었다.

내려오기 전날 기세등등 3동 600평 하우스의 헌 옷을 벗겼다. 다음 날 의기양양 삼형제는 하우스를 누비며 날다람쥐가 되었다. 약간의 바람을 감수하며 시작해 가까스로 스프링 작업까지 할 수 있었고 모두 녹초가 되어 누웠다.

장거리 여독이 풀리기도 전에 피로가 누적되었는지 벌써 코 고는 소리가 들려온다. 동생들에게 미안했다.

태풍주의보가 내려서 밖은 시끄러웠다. 도저히 누워 있을 수가 없었다. 만약 비닐이 날아가기라도 하는 날이면 그동안의 수고가 물거품이 될 것이 뻔했다. 벌떡 일어나 조용히 방을 나와 하우스로 향했다. 바람이 생각보다 심하게 불고 있었다.

하늘을 보니 엷은 구름이 흘러가고 멀리 훤한 달이 떠오르고 있었다. 다행이로군!

달밤에 3~5미터 높이의 하우스 지붕에서 거센 바람을 안고 결속 로프 작업을 시작했다. 평소에는 둘이서 마주 보며 로프를 던져 작업을 하는데, 하나하나 로프를 잡고 혼자서 하우스 지붕을 넘자니 최악의 상황이었다. 한 번 두 번 세 번…

얼마나 시간이 흘렀을까. 그 바람 속에서 작업을 계속하다 보면 무아의 경지에 들기도 하는 걸까. 바람은 귓불에 잠들고 시곗바늘은 멈추어 서는 듯했다. 하우스 지붕이 위험하다는 사실도 잊고서 모든 것이 아스라한 꿈결처럼 느껴졌다. 이윽고 하우스 지붕 연동 물받이 위에 지친 몸을 길게 드러눕히고 말았다.

만 가지 형상이 뇌리를 스쳤다. 간간이 흘러가는 구름

사이로 별들이 나를 보며 웃어주었다. 어느새 중천으로 떠오른 달님도 방긋 웃었다. 그렇게 행복한 모습으로 한참 동안 눈을 감았다.

집으로 돌아와 보니 온몸이 축축하게 젖어 있었다. 옷을 갈아입고 자리에 누우니 1분도 못 되어 잠들었다. 다음 날 귓전에 도란도란 동생들 다정한 대화가 나를 흔들었지만 눈꺼풀이 떨어지지 않았다.

오이 접목하던 날

오이가 병해충에 강하고 추위에 잘 견디도록 접목을 한다. 먼저 묘판에 은박지와 전열선을 깐 다음 전열기에 연결하고 모판흙에 오이 종자를 파종한다. 파종 후 온도를 28도 전후에 고정하면 2~3일이 지나 싹이 나온다. 다시 3~4일 지나면 떡잎이 수평으로 펴진다. 이때 대목을 파종한다. 그 후 약 3~4일 후면 접목 적기가 온다.

오이 접목하기로 한 전날 밤부터 강한 강풍을 동반한 눈이 내려 하루 연기할 수밖에 없었다. 고압선이 윙윙거리고 눈발은 소용돌이를 쳤다. 하늘도 무심하지, 하필이면 오이 접목 예정일에 올겨울 들어 가장 추운 날씨를 허락한 단 말인가. 밧줄을 챙겨 자동차 뒷바퀴에 단단히 묶었다. 그렇게 애타는 하루가 가고 밤이 되었지만 좀처럼 눈바람은 그칠 줄 모르고 불안과 초조로 날이 밝아왔다.

오늘은 무슨 일이 있어도 오이 접목을 해야 한다. 아침 6시 밖으로 나가 보니 어제보다 눈이 더 많이 쌓여 있다. 어제 낮에 녹아내리던 눈이 얼어붙고 그 위에 눈이 쌓여 더욱 미끄러웠다.

아침을 때우고 만약의 사태에 대비해 한 번도 입지 않던 내복을 챙겨 입고 6인승 트럭 짐칸에 돌멩이를 실었다. 가자! 가야만 한다. 제1 관문인 집 앞 진입로에 바람이 몰아붙인 눈이 20센티 정도 쌓여 있었다. 지긋이 가속을 붙였다. 짐칸에 실어둔 돌이 제 몫을 다했는지 겨우 통과할 수 있었다.

아직 아무도 지나지 않은 신비로운 하얀 길에 선명한 바퀴 자국을 남기며 용케도 앞으로 나아갔다. 엔진에 열이 올라 히터를 켜고 추위를 쫓으며 온통 신경을 도로에 집중시켰다. 속도는 겨우 시속 20km에서 40km 사이, 언덕을 아슬아슬하게 통과할 수 있었다. 하늘이 나를 돕고 있다는 확신을 하고 평소 35분 거리인 성전까지 1시간 10분 만에 도착할 수 있었다.

　마을 아주머님들이 초조하게 기다리고 있었다. "안녕하세요?" "오시느라 수고 많으셨어요!" 아주머님 8분을 차에 태우고 마을을 빠져나오는데 이웃 주민 5명이 다가와 사정을 했다. "택시를 불렀는데 오질 않아서 그러니 저기 성전까지만 태워주십시오." "미안하지만 짐칸은 너무 위험해 태울 수 없습니다." 그때 뒷자석에 탄 아줌마가 문을 열며 "이리 타 보세요!" 그렇게 해서 6인승 봉고 더블캡에 14명이 승차하게 되었다. 마을을 빠져나와 4차선 진입로는 상당한 오르막이었고 차는 자꾸 옆으로 미끄러졌지만 빈 바퀴를 돌리며 조금씩 조금씩 진입에 성공하자 숨죽이고 계시던 아줌마들은 모두 환호하였다.
　그래 이번엔 큰길로 가는 거야, 성전에서 마을 주민 5명을 하차시키고 4차선 길로 달리기 시작했다. 4차선 도로는 비교적 양호하였고 40~50km까지 속도를 붙이기도 하면서 하우스에 도착할 수 있었다.

　오랜만에 하우스는 이야기꽃이 만발하였고 접목 작업에 가속도가 붙었다. 최대한 빨리 끝내고 다시 얼기 전에 돌아가야 하기 때문이었다. 집에서 정성스레 준비한 점심을 먹고 커피 한 잔씩 마신 후 작업을 계속하였다.

오후 5시 드디어 작업을 종료하고 아줌마들 귀성 작전에 돌입하였다. 역시 큰길을 선택했고 간간이 내려온 햇살에 길은 많이 녹아 있었다. 속도는 60~80km 정도. 순간 깜짝 놀랐다. 산그늘의 빙판이 나타난 것이다. 재빨리 속도를 줄여 기아를 저단으로 내렸다. 기~ 기~ 기~ 기~ 차가 갑자기 심하게 흔들리더니 아슬아슬하게 빙판을 벗어났다. 수다쟁이 아줌마들도 일순간 침묵을 지켰고 저마다 심호흡을 하며 가슴을 쓸어내렸다.

계곡면으로 접어들자 산간 지방답게 눈이 더 많이 쌓여 있고 길도 빙판이었다. 여간 신경이 쓰이지 않을 수가 없다.

아까 오면서 놀랐던 그곳에서 경찰이 사고 수습을 하고 있었다. 승합차가 빙판에 미끄러져 길이 막혀 있었고 경찰은 사고 수습에 여념이 없었다. 천천히 신경을 곤두세워가며 계곡을 빠져나오자 거짓말처럼 도로 사정이 좋아졌다. 파란만장했던 오이 접목은 이렇게 적잖은 사연을 남기며 막을 내렸다.

천사의 미소

참외 인공수분 4일째.

참외는 포복 작물이기에 인공수분을 하려면 땅에 있는 참외잎을 헤치며 꽃을 찾아서 스프레이를 이용하여 호르몬제(비대 촉진제)를 살포하는 해야 한다.

오늘도 어김없이 꽃 찾아 삼만 리. 7시 40분에 시작된 인공수분 작업은 어느덧 10시에 접어들고 "아이고 허리야!"를 연발. 오늘 날씨가 예사롭지 않게 찌기 시작했다. 나는 이미 땀을 흘리기 시작했고 10시 40분 그녀도 넋두리를 시작했다.

참고로 나는 땀샘 터지는 시간이 27도, 그녀는 33도쯤 된다. 11시 30분쯤 우리 몸은 땀범벅이 되었다. 이렇게 참외 인공수분 작업은 고통의 연속이었다. 처음엔 다리가 아프고 그 다음 허리가 아프고, 온도가 오르면 머리가 아프다가 눈앞이 흐려진다.

창가에 오면 우리는 하우스 밖으로 머리를 내밀며 가쁜 숨을 몰아쉰다. 12시 30분. "아이고 허리야!"를 연발하며 우리가 이 순간을 극복할 수 있다면 위대한 인간 승리야, 라고 서로를 다독인다.

다시 하우스 가장자리. 우리는 축 늘어져 하우스 밖으로 기어 나와 지하수를 켜고 찬물로 팔다리 얼굴을 마사지한다. 오늘은 지하수가 얼음장처럼 섬뜩하다.

잠시 정신을 차린 우리는 다시 용감하게 인간 한계에 도전장을 낸다. "아이고 죽겠네."를 연발하며 점심도 거른 채 3시 무렵이 되어서야 우리는 우리에게 선언한다. "위대한 인간 승리를."

집에 돌아온 우리는 거실에 들어서자 쭉 뻗어 버렸다. 점심을 때운 4시 30분, 창문을 열었더니 구름이 밀려오고 있었다. 아 하나님이 우리를 시험에 들게 하셨나? 주르륵 주르륵 비가 내린다.

아침부터 아하, 오늘은 시원한 게 하우스에서 일하기 좋은 조건이야! 우와! 일주일 전 수정한 참외가 아기 주먹만 하다. 그동안 고생한 보람과 긍지를 느끼며 기분 좋은 출발.

그러나 그 기분은 5분을 넘기지 못했다. 참외 잎이 수분을 가득 머금은 것이다. 칙칙한 것이 기분까지 칙칙해진다. 아이고 허리야! 그녀의 넋두리가 시작된다.

그녀의 백구두(고무신)에 물이 차 발을 옮길 때마다 괴상한 소리를 낸다. 평소 허리가 아프면 쭈그리고 앉아서 개기지만 오늘은 그럴 수 없다. 어제 뿌린 효소제(깻묵+막걸리+흑설탕+동물성 아미노산+발효)가 밤새 내린 비로 흡수되지 못하고 그대로 남았기 때문이다.

조심해! 나는 그녀에게 소리쳤다. 손 좀 봐! 우리의 손은 물에 허옇게 불어 있었다. 내가 신은 운동화도 어느덧 물을 머금어 퉁퉁 부풀어 올랐다. 그래도 오늘은 허리를 펼 수가 없다. 무릎이며 어깨까지 온몸이 칙칙하고 뻐근하다. 조심해! 엉덩이 퉁퉁 부을라! 우리는 이를 악물고 참고 또 참았다. '찜탕전'에 이은 '수중전'이다.

"포기했어."

결국 얼마 후 그녀의 음성이 귓가에 들렸다. "응! 나도 포기했어!" 우리는 허리를 도려오는 아픔을 이기지 못하고 그만 쭈그려 앉고 말았다. 벌써 팬티까지 축축해진다. 시간은 벌써 정오를 지나고 있었다. 이제 겨우 절반도 못 했는데, 자기야! 정말 죽겠네! (왕짜증)

얼마 후 "병승 아빠! 저기…" 바라보니 "엉덩이가 축축하네요." 한다. 내 몸도 축축하게 퉁퉁 부풀어간다. 아찔한 생각에 그녀에게 말했다. "기왕 늦을 것 같으니 점심밥 먹으러 갑시다."

우리는 돌아와 가볍게 샤워하고 점심을 들고 나서 다시 일터로 나갔다.

오후 7시가 넘어서야 겨우 인공수분을 마친 그녀와 나는 초죽음이 되어 돌아오면서, 다시는 참외 재배를 하지 않겠노라, 다짐 또 다짐했다.

거실 문을 열자 엄마! 아빠! 억만 불짜리 병재(3살)의 우렁찬 목소리와 환한 미소가 우리를 반긴다. 그래! 병재가 있어 우리가 살 수 있는 거야! 그동안의 피로가 한순간에 풀리는 듯하다.

그날 밤 그녀는 잠을 이루지 못하며 뒤척인다. 발목에, 무릎에, 좌우 허리에 온통 파스투성이, 파스 걸이 되었기 때문이다.

참외 인공수분 12일째.

오늘도 어김없이 참외 하우스에 도착한 우리는 여기저기 통풍 작업을 마치고 인공수분을 시작했다. 오늘은 예감이 좋다. 아니나 다를까 참외들이 눈에 띄게 성장하여 우리를 반기고 있었다. 흐린 날씨로 잠잠했던 참외들이 좋은 날씨와 우리의 노력으로 대부분 성장하기 시작했다.

여기저기 달걀만큼 자라난 참외들이 저마다 얼굴을 내밀며 말했다. 주인님 어서 오세요! 그동안 저희를 위하여 애써주셔서 정말 감사합니다. 아! 얼마나 기분이 좋았던지 우리는 서로 마주 보았다.

"당신이 열심히 노력했기 때문이야." "아니에요! 당신의 기도가 하늘에 전해졌기 때문이에요." "아닙니다. 당신 덕분입니다." 우리는 서로에게 감사하며 어린애처럼 좋아했다.

하우스 옆 수풀에서 새들도 지저귀며 즐거워하고 옆의 빈 밭에서는 까투리의 속삭임이 들려온다. 구구구구 애들아! 이리 오렴! 꿩 꿩! 푸드덕푸드덕 장끼가 놀랐는지 푸드덕 날아오른다.

오늘은 맑고 무더운 날씨다. 구슬 같은 땀방울이 볼을 타고 흘러내리지만 상쾌하기만 하였다. 너무 따뜻하구나! 너희들 덥지 않니? 시원한 바람이 불어와 더위를 식혀주고 이따금 구름양산이 햇볕을 가려주니 어어 얼 얼씨구 신

바람 난 참외 수정, 즐겁기만 하구나! 우와! 여기 좀 봐! 어디! 언제 이렇게, 하면서 활짝 웃는다.

그 모습이 흡사 천사처럼 느껴진다. 천사의 미소는 오늘 하루를 아름답게 장식하며 삶의 보람을, 삶의 의미를, 노력의 결실을, 우리의 가슴을 살찌우며 영원히 함께하리라!

깔따구와 보리밭

 후텁지근한 유월이다. 푸르던 보리 이삭은 어느덧 알록달록 톡톡 튀어나온 풍만한 가슴을 자랑하며 하루가 다르게 여물어 수확기를 맞이했다.
 옛날엔 지금처럼 농기계가 발달치 못해 농번기가 다가오면 성냥간에서 낫이며 호미를 담금질하여 쓱쓱 숫돌에 날을 세웠다.
 오뉴월의 뙤약볕 아래 보리 베기는 많은 인내가 필요했다. 지금은 자취를 감추고 없지만 1980년대까지만 해도 깔다구가 우글우글 무리 지어 우리를 습격했다. 물리면 두 얼굴을 가진 헐크처럼 부어오르고 긁으면 긁을수록 더 가렵다.

깔다구에 물리며 노랗게 익은 보리를 조심스레 베서 조금씩 쌓아 말린 다음 짚으로 매듭진 매끼로 묶어서 지게에 짊어지고 한 곳에 모은 다음 이엉으로 빙 둘러 빗물이 스며들지 않도록 노적을 쌓았다. 만약에 비가 내리면 다시 뒤집어 말린 다음에야 작업을 계속할 수 있었고 심할 땐 밭에서 싹이 트기도 했다.

그 당시 경운기가 나오기 직전, 외통기라는 석유기관을 돌려 탈곡을 하고 나면 사람들은 온몸 구석구석 먼지투성이가 되어 아프리카 흑인처럼 두 눈만 끔뻑거렸다. 또한 온몸이 껄끄름한 것이 겪어 보지 않은 사람은 이해할 수 없는 괴로움을 줬다.

건조 작업은 그때만 해도 보리 깍지에서 1차 건조 후 탈곡하여 멍석에 말렸다. 짚 가마니에 정성스레 선별 작업을 하여 리어카나 구루마에 싣고 공판장으로 가 등급별 수매에 응했다.

그 시절이 엊그제 같은데, 눈부시게 발전한 요즘은 콤바인이란 괴물이 출현하여 보리밭을 쌩하니 지나가면 알곡들이 쏟아진다.

밀밭에 앉아

　우리는 오랜만에 산자락에 자리한 밀밭으로 일을 나섰다. 밀밭은 집에서 자동차로 약 30분이 소요되는 거리라 자주 가지 못했다. 지난겨울 밀 씨앗을 파종하고 제초제를 사용하지 않았기에 밀밭 여기저기 잡초가 제법 둥지를 틀고 있었다.

　밀밭은 올해 잦은 강우로 비료가 유실되고 습해를 받아 영양 부족 현상을 보였기에 준비해간 비료를 3,600여 평의 밀밭에 뿌렸다. 비료 웃거름 작업을 마치고 돌아보니 집사람이 열심히 잡초를 뽑고 있었다. "우리 이제 이 밭 그만 경작해요." 짜증 섞인 말투로 넋두리를 하였다.

거름을 뿌린 후 산에 오르고 싶었지만, 꾹 참고 호미를 들고 밀밭에 쭈그려 앉아 김매기 작업을 시작하니, 집사람의 화색이 달라지고 제법 다정한 목소리로 말을 붙여왔다. 두런두런 풀 뽑으며 어우러진 밀, 탐스러운 밀 이삭을 상상하며 팔목에 힘을 주었다.

상쾌한 바람이 이마의 땀을 씻어 내리고, 산새의 노래가 아름답게 울려 퍼지고 있었다. 산속에 묻힌 밀밭은 봄 내음이 쉴 새 없이 코끝을 간질이니 내 마음의 잡초도 하나, 둘 뽑히고 있었다.

"여보 우리 점심 먹고 하자."

날씨가 제법 쌀쌀하여 화물차 안에서 준비해간 김밥을 먹으며 마을 앞 저수지를 바라보니 낚시꾼 몇 사람이 세월을 낚고 있었다. 여유롭고 평화로운 모습에 눈길을 고정하며 한참을 바라보았다.

사실 나에게도 많지 않은 시간이지만 짬짬이 낚시를 즐기던 때가 있었다. 매우 급하게 돌아가는 세상의 수레바퀴를 이탈하여 즐기는 평화롭고 짜릿한 순간들, 취미로는 으뜸이라 할 수 있는 낚시를 언제쯤 해 볼 수 있을까?

다시 밀밭에 앉아 잡초를 뽑기 시작했다.

얼마나 시간이 흘렀을까. 다리가 아프고 허리도 아파

누울 자리만 바라보았다. "여보 우리 잠깐 쉬었다 하는 게 어때요? 저기 능선에 올라가면 고사리가 올라와 있을 것 같은데요."

숨을 헐떡이며 산을 누비며 고사리를 두어 주먹 꺾어 들자 우리의 입가에 웃음꽃이 피어올랐다. 이렇게 작은 것에 웃을 수 있는 여유와 행복에 감사하는 마음으로 약 50분 만에 하산하였다.

다시 잡초를 뽑으며 마치 아낙네처럼 호미를 든 내 모습을 의기양양 바라보았다. 제법 자라난 잡초는 뽑았지만 이제 떡잎을 피워낸 어린 풀이 무수하게 고개를 내밀며 아우성이다.

만 가지 상념이 꼬리를 무는 밀밭에 어슬렁어슬렁 걸어온 산 그림자와 벗하며 하루를 마무리하였다.

할 수 있어

새벽 4시 50분, 집사람 핸드폰이 울렸다. 벌써 며칠째 궂은 날씨 때문에 고추 건조용 비닐하우스에 비닐을 씌우지 못한 외숙모님의 전화였다. 바람이 제법 부는데 어떻게 비닐을 씌울 수 없겠느냐고 말씀하셨다. 고추를 말려야 하는데 장마에 고추가 썩어가고 있다는 것이다.

숙부님 댁에 당도하니 벌써 비닐을 옮겨놓고 만반의 준비를 하고 계셨다. 숙모님과 이웃집 아줌마가 비닐을 씌우러 왔다가 바람이 많이 분다며 외부용 비닐을 다시 자기 집으로 가져가고 있었다.

먼저 3m 내외의 하우스로 올라가 비닐을 두 손에 부둥켜안고 위로 끌어올렸다. 비닐이 바람에 펄럭이지 않도록 2~3m 간격으로 묶은 다음, 하우스 가장 높은 곳에 올려 약 3m 간격으로 끈을 헐렁하게 묶었다. 그러고는 각을 맞추어 펼친 다음 스프링으로 바람에 견딜 수 있게 고정하였다.

점점 바람이 세차게 불었지만 3시간이 지날 무렵 작업을 마칠 수 있었다. 아까 비닐 작업을 포기하고 돌아가시던 동네 아줌마께서 자신의 하우스도 좀 씌워 달라고 사정하기에 차마 뿌리치지 못하고 역시 같은 방법으로 바람을 극복하고 비닐하우스에 옷을 입히니 동네 어르신께서 아낌없는 찬사를 보내주었다.

숙모님은 "고맙다. 썩어가던 고추를 말릴 수 있게 되었다."며 매우 기뻐하시며 아침을 먹고 가라고 하셨다. 그러나 오이 작업을 앞둔 우리는 부랴부랴 집으로 돌아왔다. 기다리는 식구들과 서둘러 아침 식사를 마치고 오이밭에 다다르니 아침 9시. 하우스 온도계는 벌써 35도를 가리키고 있었다.

손수레를 끌고 한 두둑을 돌아 나온 우리는 벌써부터 숨을 몰아쉬었다. 이제부터는 이를 악문 자신과의 싸움이었다. 한 줌의 힘도 남지 않은 기진맥진 상태에서 눈으로 파고드는 땀을 훔치느라 눈두덩을 연신 쓸어내려야 했다.

몽롱한 정신을 다잡으며 겨우 오이 수확을 마무리하고, 비틀거리며 박스 작업까지 완료한 후 집으로 돌아온 우리는 거실에 그대로 뻗어 버렸다. 내일쯤 비가 오려는지 바람이 점점 세차게 불었다.

겨우 정신을 차린 우리는 식탁에 둘러앉아 고추와 된장으로 얼렁뚱땅 점심을 해결하고 그동안 소홀히 한 하우스 주변의 잡초를 뽑았다. 신문지를 깔고 노곤한 몸을 눕히니 오늘 하루가 아득했다. 하늘을 보니 흰 구름, 먹구름들이 어디론가 바쁜 걸음을 재촉하고 있었다.

집으로 돌아와 라면을 끓여 배를 채우고 작업해 둔 오이를 싣고 목포 공판장으로 향했다. 노곤한 눈꺼풀이 자꾸 내려앉아 길 가장자리에 차를 세웠다. 얼마나 잤을까. 정신을 차리고 집에 돌아오니 자정이 코앞이었다.

육묘장 가던 날

　16일로 예정했던 방울토마토 정식이 육묘장 사정으로 연기되었다. 육묘 실수로 차질이 생겼으니 정식 날짜를 연기해 달라는 연락을 받고 마음이 편치 않아 이웃 농가와 어울려 남평에 있는 육묘장을 찾아갔다.
　우리에게 배당된 모종을 보며 태연한 얼굴을 했지만 속으로는 여간 실망한 것이 아니었다. 우리는 그야말로 하우스 하나만 바라보는 전업농가다. 요즘 날씨에 10일간 정식을 연장하면 한 달 늦게 수확을 하기에 소득에 차질이 올 것이 뻔하다.

육묘장 사장은 춘천에 있는 호반 육묘장에서 필요한 7,500주를 부탁했는데 모종 상태가 좋지 않아 결국 포기하고 10일 늦게 공급할 수 있는 모종으로 대체하여 주겠다고 하였다. 맘에 들지는 않았지만 다른 대안이 없었다. 장마 후 갑자기 닥친 폭염으로 모종이 적응하지 못해 발생한 전국적인 현상이라고 했다.

마침 함께 간 농가 중 조금 늦게 주문한 농가의 모종은 좋은 작황이었다. 그분이 점심을 사겠다고 하여 세 농가는 장어구이를 앞에 놓고 마주 앉아 농정 현황을 토론하였고, 돌아오는 길에 영암 서호의 방울토마토를 수확 중인 농가에 들러 여름 재배와 그 타당성을 토론하였다.

하늘도 내 마음인 양 잔뜩 찌푸리더니 이윽고 세찬 소나기를 뿌렸다. 앞이 보이지 않을 만큼 비가 내리니 하우스가 걱정되어 가속 페달에 힘을 실었는데 산모퉁이를 돌아서자 소나기가 거짓말처럼 멈추고 맥이 탁 풀리며 허탈감이 전신을 엄습했다. 하우스 문을 내리고 집에 돌아오니 다시 빗줄기가 굵어지더니 원 없이 쏟아져 내렸다.

그래 세상은 변화무쌍한 것, 누구를 탓하기보다 이미 벌어진 일에 집착하지 말고 어떻게 하면 더 좋은 결과를 얻을 수 있을까 생각해 보자.

은잎가루이의 기습

2007년 8월 중순 방울토마토를 정식했다. 간간이 비를 뿌리며 후덥지근한 흐린 날씨는 약 40일 동안 계속되었다. 방울토마토는 웃자라 많은 노력에도 착과가 불량하여 수량이 대폭 감소하였다. 수확을 포기하는 농가가 늘어나는 등 심적 부담이 적지 않았다.

하늘의 도움인지 그럭저럭 위기를 잘 넘기며 8 화방에 순 지르기를 하였지만 예년보다 약 1미터가량 웃자란 상태였다. 다행히 후기 날씨가 좋아 4, 5, 6 화방에서 착과 수가 많아지며 자그마한 희망을 품을 수 있게 되었다.

10월 31일 첫 수확의 설렘도 잠시, 빨갛게 먹음직스런 모습을 자랑해야 할 방울토마토는 착색 불량과가 되어 흉흉한 모습으로 매달려 있었다. 가슴이 철렁 내려앉았다. 작년 수확 후기에 이런 증상으로 큰 손실을 보았기에 저온, 비료 과다 사용과 미량 요소 결핍 등을 의심했지만 뚜렷한 원인을 밝혀내지 못했다.

　언젠가 은잎가루이에 대해 관심과 경각심을 주었던 성일 육묘장 사장님이 떠올라 전화번호를 입수하여 현지 상황을 알리고 대책을 의뢰하였다.

　하던 일을 제쳐 놓고 남평으로 달려가 올여름 일본 현지 세미나에 참석하는 등 은잎가루이의 존재와 대책에 심혈을 기울인 성일 육묘장 사장님의 이야기에 귀 기울였다.

　은잎가루이는 온실가루이와 담뱃가루이의 변이종으로 수명은 약 15일이며 한 번에 약 300개의 알을 낳는다고 했다. 현미경으로 확인해야 할 만큼 작아 눈으로는 식별할 수 없다. 지금 일본에서도 은잎가루이에 대해 고시된 약제가 없어 수확을 포기하는 농가가 늘어나는 등 그 대책이 시급한 상황이라고 하였다.

　다행히 친환경 농업의 붐을 타고 국내 연구진에 의해 개발된 온실가루이와 담뱃가루이의 방제약 일부가 은잎가루이에 강력한 살충 효과를 발휘하는 것으로 밝혀져 한 가닥 희망을 품을 수 있게 되었다.

    잎 뒷면까지 골고루 약을 살포할 수 있도록 고안된 분무기의 노즐을 구입하고 친환경 취급점을 전전하여 적용 약제를 사들였다. 폐농의 갈림길에서 이 약제의 효과 여부에 따라 희비가 갈리게 되었으니 오늘 밤은 쉬 잠을 이룰 수 없을 것 같다. 다만, 노력 여하에 따라 얼마만큼 피해를 경감시킬 수 있을 것으로 확신하며 스스로 아픈 마음을 달랬다.

첩첩산중

 2008년 구월의 햇살은 하우스 내부를 한증막으로 만들었다. 방울토마토 유인 끈을 설치하고 곁순을 제거하던 우리는 하우스 가장자리에서 찜통더위에 아찔한 현기증을 느끼며 밖으로 뛰쳐나왔다. 밖에는 간헐적으로 바람이 불었지만, 태양은 여전히 불을 뿜고 있었다. 땀범벅이 된 이마를 훔치며 냉수를 연거푸 서너 잔 들이마신 우리는 더 이상 작업을 지속할 엄두가 나지 않아 집으로 돌아왔다.

 거실에 들어서자 웃옷을 벗어 던지고는 큰 대자로 누워버렸다. 한참이 지나도 몸 구석구석은 아직 홍수로 시달리고 있었다. 애써 몸을 일으켜 샤워실로 향했다.

점심 후 다시 하우스로 향하는 발길이 차마 떨어지지 않았다. 누가 시키는 것도 아닌데 고삐에 끌려가듯 하우스에 도착했고 다시 작업을 이어갔다. 땀범벅으로 계속된 작업으로 얼마나 들락거렸는지 생수통도 벌겋게 달아오르는 듯했다. 가끔 지나는 구름은 커다란 버팀목이 되었다.

얼마나 시간이 흘렀을까. 몽롱한 기억을 상기하며 어디선가 불어온 한 줄기 바람에 환호하며 하늘을 보니 기승을 떨치던 태양이 서녘 하늘 구름 사이로 모습을 감추었다.

오랜만에 피치를 올리는 시간, 그때 앵~~~ 요란한 굉음과 함께 모기 군단의 공습이 시작되었다. 모기의 미사일에 적중된 발등이 벌겋게 부풀었다. 땀 냄새를 맡은 모기들은 집요했다. 온몸 구석구석 참을 수 없는 가려움에 우리는 사면초가에 빠졌다. 죽음을 불사한 모기들의 '인해전술'도 계속되었다. 어느덧 땅거미가 내려 식별이 어려워지자 우리는 작업을 갈무리하고 집으로 돌아왔다.

집에 돌아온 순간, 술에 취해 비틀거리는 아버님을 보자 또다시 가슴이 아려왔다. 어머님을 간호하시는 팔순을 바라보는 아버님. 이제는 지쳐 버렸는지, 무슨 말인지 알아들을 수 없지만 애타게 부르시는 어머님을 외면하며 골방으로 모습을 감추어 버렸다. 이제 스스로 몸을 가누기도 어려운 어머니는 지쳐 돌아온 우리 내외에게는 차마 말을 붙이지 않았다. 아니 어쩌면 말할 기력도 없으신지 모른다.

 가슴속 뜨거운 것이 역류하기 시작했다. 냉장고 문을 열고 얼음을 한입 우두둑 깨물었다.

탐스러운 행복

 험상궂은 태풍 매미가 오던 날, 그 날갯짓 사나워라! 죄 없는 비닐하우스가 반신불수가 되었다. 많은 비를 동반한 요란한 매미는 정말 악독한 별종이었다.
 누가 이 음률을 흉내 낼 수 있으랴. 귀를 가르는 굉음, 심장을 도려내는 처절한 음률에 비닐하우스는 금방이라도 찢겨 나갈 것처럼 벌벌 떨었다. 미리 대비한다고 하였지만 우리는 불안한 마음을 어쩔 수 없었다.
 떨고 있을 수만은 없다. 이리 뛰고 저리 뛰고 요리조리 갈팡질팡하다 보니 우리는 이미 제정신이 아니었다. 비닐

하우스는 고통을 참지 못하고 울부짖으며 애처롭게 땅을 붙들고 젖 먹던 힘까지 다하고 있었다. 차라리 눈을 감고 싶었다.

어렵게 정신을 가다듬고 보니 천창이 위태로웠다. 나는 하우스 지붕으로 뛰어올랐다. 하우스 지붕 연동 사이 물받이를 역류하는 물보라에 눈을 뜨기도 어려웠지만 어떻게든 지켜야 한다는 일념뿐이었다. 하지만 혼자 힘으로는 역부족이었다. 지켜보던 동생이 올라오고, 보다 못한 집사람이 용기를 내어 올라왔다.

우리 네 사람은 목숨을 담보로 비닐 자락을 붙들고 늘어졌다. 점점 어둠이 몰려오지만 앞을 분간하기 어려운 비바람은 생명을 위협하며 하우스 지붕을 강타했다. 그때마다 바짝 자세를 낮추며 찢기기 시작한 천창 개폐 비닐을 스프링으로 고정하는 작업에 필사의 노력을 다하였다.

거북이처럼, 아니 지렁이가 기어가는 것처럼 좀처럼 능률이 오르지 않아 몇 번이고 포기하고 싶은 마음이 간절하였지만 희망의 끈을 놓을 수는 없었다. 조금만 더 참고 해 보자. 바람 앞에 등불인 줄 알면서도 최선을 다하자고 입술을 깨물었다.

비로소 내가 살아 있음을, 나의 존재를 알 것도 같았다. 파르르 떨리는 손, 떨리는 가슴, 체온은 점점 떨어져 가고 내가 하늘 아래 미미한 존재일 뿐임을….

그 상황에서 땅거미는 서서히 밀려들어 귀가 먹먹해지고 시간이 정지하여 세상이 멈춰 서 버린 것만 같았다 아무 소리도 들리지 않았다. 그리고 얼마나 지났을까. 하늘도 감동했는지 바람이 조금씩, 아주 조금씩 수그러지고 있었다.

아! 이제 우리의 승리다.

지친 몸을 이끌고 집에 들어서니 맥이 탁 풀렸다. 여기저기 수많은 상처, 태풍의 위력을 실감해야 했다. 이렇게 단란해야 했던 추석 연휴는 매미에게 짓밟혀 버렸다.

농산물 개방과 함께 수입 농산물로 몸살 중인 농촌의 현실을 잊지 않았으면 좋겠다. 우리 체질에 맞는 우리 농산물을 애용하고 고향을 지켜주기를 간절하게 소망한다.

우애로 지켜낸 삶터에 오이가 주렁주렁, 행복도 주렁주렁, 찬란한 햇빛 아래 탐스럽게 빛났다.

고추 폐기 처분

 2024년 2월, 두 겹의 비닐하우스에 고추가 좋아하는 양식을 가득 넣고 쟁기질을 했다. 로타리 작업 후 두둑을 만들고, 점적 호수를 설치하여 비닐멀칭을 하고 40cm 간격으로 고추를 심었다. 강선활죽을 꼽고 터널 비닐을 씌워 보온했다. 그 후 오전에 벗기고 오후에 다시 씌우기를 약 30여 일 반복했다.

 수막(지하수 보온)을 하고 일주일 단위로 병충해 방제를 했다. 와중에 집사람이 무릎 인공관절 수술을 하게 돼 3개월 동안 혼자서 3,300평 비닐하우스를 관리하느라 애를 먹었다. 그래도 비교적 잘 자라서 기온이 오르자 인부들을 다시 불러 곁순을 따주고 터널을 벗기고 지주목을 설치할 수 있었다.

비닐멀칭을 한 두둑에 풀이 들고일어나 흙으로 눌러주고 볏짚을 덮었다. 물론 혼자서 관리하기도 벅차기에 외국인 인부들을 불러 작업했다.

초기에 관리가 소홀했던 탓인지 총채벌레 등 병충해가 기승을 부렸고 봄 가뭄으로 벌레들의 춘추전국 시대가 되었다. 여러 개의 하우스라 한 번에 방제하지 못하고 하루가 멀다 하고 농약을 뿌려야 했다.

하우스 옆 무농약 밀 재배단지는 벌레들의 소굴이었다. 오랜 가뭄으로 천재지변을 모르는 벌레들의 번식력이 폭주하여 농약을 뿌린 다음 날이면 하우스는 온통 이민 온 벌레들의 세상이 됐다.

어떤 하우스는 아예 수확을 못 하고 고추나무를 뽑아야 하는 지경에 이르렀고 또 다른 하우스는 두세 번 수확을 하는 동안 불량과가 점점 많아져서 인건비도 안 나오게 돼 눈물을 머금고 폐기 처분을 해야 했다. 투자한 퇴비, 석회, 비료, 비닐, 점적 호스, 유인 끈, 그물, 수막 전기료, 농약값과 인건비 등 3개월 동안의 노력이 모두 물거품이 되었다.

운영자금이 바닥을 치고 있을 때, 코로나와 우크라이나 전쟁과 후쿠시마 오염수 방류 등으로 부산 큰아들이 파산을 코앞에 두어야 했는데, 아무것도 할 수가 없는 아비의 가슴은 이미 이 세상 것이 아니었다.

대파를 심어 놓고

하우스 농사가 바닥을 치자 이대로 쓰러질 수 없다며 4,000평의 밭에 콩 대신 대파를 심기로 했다.

화물차로 30분 거리에 있는 밭을 트랙터에 꽂발을 꽂고 1시간 20분 만에 도착했다. 약간 경사진 밭을 경운하여 풀을 잡고 퇴비 13차를 넣고 로타리한 후 석회와 복비를 넣고 다시 로타리하여 대파 비닐을 씌웠다. 15마력 모터와 전선관 65mm, 밸브 30여 개와 고압호스 스프링쿨러 100여 개를 새롭게 장만하였다. 농약사에서 권유한 호걸이란 품종을 두 달가량 정성으로 육묘하여 심고 관수하여 활착

한 다음 제초제를 뿌렸다.

그러나 차로 30분 거리를 오가며 매일 두 차례 관수하는 일은 생각보다 많은 시간과 노력을 필요로 했다. 설상가상 기상이변으로 대기의 강이 형성되고 동이 물을 퍼부어 밭둑과 경사진 밭의 토사가 유실되어 앙상한 뼈만 남은 듯했다. 토사가 밀려 엉망진창이 된 밭을 바라보니 하늘이 원망스러웠다.

그래도 남은 것이 더 많으니 최선을 다해 보자. 비가 그치자 삽을 들고 며칠 동안 고랑을 만들고 비료가 유실되어 노랗게 자라지 않는 곳에 소량의 추비를 하였다. 강우 후 여기저기 풀씨가 고개를 내밀었다. 인부들을 대동하여 풀을 뽑고, 영양제와 살충제를 혼용하여 일주일에서 열흘 간격으로 뿌렸다.

차츰 회복하여 제법 대파밭으로 변해갈 무렵 이번엔 가뭄과 폭염이 찾아왔다. 하루가 멀다 하고 먼 길을 오가며 관수 작업을 하면서 뽑아도 뽑아도 다시 자라나는 잡초를 어떻게 할까? 경사가 심한 밭이었기에 허벅지는 알을 품었고 무릎 관절은 질질 짜고 있었다. 애써 모른 채 고개를 돌려야 했다.

하우스를 갈아엎고 석회와 퇴비를 뿌리고 미생물 배양과 투입 등으로 바빠져 일주일 만에 대파밭을 찾아갔다.

그런데 이게 어찌 된 일인가. 대파가 가뭄과 폭염 때문인지 대부분 하얗게 말라 죽어 있었다. 오메 남사스러운 거, 사람들이 얼마나 손가락질을 할까. 밭을 갈아 버려야 할까. 대파에게 너무 미안했다. 그래 물이라도 먹여 보자고 종일 물을 주었다.

다음 날 고천암 농장을 지나는데 포탄을 맞은 듯 군데군데 내려앉은 곳이 너무 많았다. 폭염과 가뭄으로 벼멸구 피해가 심각하다는 것을 알 수 있었다. 대파밭에 도착하여 풀을 뽑으며 유심히 살폈다. 이럴 수가! 대파잎을 따서 보니 대공에 파밤나방 3대가 행복을 만끽하고 있었다. 한 잎에 다섯 마리라면 수백만 대군이 대파밭을 약탈하고 있었다.

나의 불행이 너희들의 행복이었구먼. 그래도 이건 너무 했어. 그길로 농약사를 찾아가 나방 전문약제 두 가지를 혼용하여 나흘 간격으로 3번 뿌렸다. 이리하여 수백만의 파밤나방군단은 전멸하였고, 지푸라기라도 잡는 심정으로 계속하여 관수를 하였더니 대파의 얼굴빛이 바뀌는 듯했다.

지성이면 감천이라 했던가. 오랜만에 제법 많은 비가 내렸다. 이삼 일 관수 작업을 건너뛸 수 있었다. 사흘 후 대파밭에 갔다. 대공만 남았던 대파가 자라나기 시작했다. 피해가 심한 맨 위쪽 밭은 숲으로 둘러싸여 있어 손가락질을 면할 수 있게 되었다.

돌이 많은 대파밭에 북주기 작업을 어떻게 할까? 여간 걱정이 아니다. 역으로 이젠 가을장마가 온다고 하니 와중에 북주기 작업이라는 또 하나의 과제가 주어졌다. 과연 금년 농사는 어떻게 될까?

세상은 자신의 노력은 필수요, 하늘의 보살핌이 있어야만 풍요로운 결실을 맺을 수 있다.

제2장
사람들-내 자리만 지킬 수 있어도

간절한 마음으로 염원했던 소원은 이렇게 현실로 다가왔고 지금도 꿈을 꾸는 게 아닌지 의심스럽기만 하다. 아무리 힘들고 어려운 일일지라도 간절한 마음과 믿음이 있다면 반드시 이루진다는 것을 깨닫게 되었다. 이 세상 모든 희로애락은 우리들 마음에 존재하며 마음가짐에 따라 수시로 변한다는 것을 믿게 되었다.

-「내게도 형님이」부분

내 자리만 지킬 수 있어도

 동생 차를 따라 눈길을 달리기 시작해서 얼마나 달렸을까. 조양산업이라는 조그만 회사에 도착했다. 공장에서 경리를 보고 있던 사모님이 정성스레 커피를 끓여왔다. 우리는 이것저것 필요한 비닐을 주문했다.
 우리는 공장을 둘러보며 흑백 원료를 이용한 배색 작업 등 생산 과정을 둘러보며 껑충 뛰어버린 자제 값에 혀를 내둘렀다. 우리가 주문한 물량을 간추려 차에 실었다. 대금을 지급하고 함박눈 길을 달려 집으로 향했다.
 그런데 길 저만큼에서 어떤 아주머님이 진눈깨비를 피

하려 우산을 쓰고 급하게 차를 세우려 했다. 하지만 모두 쌩쌩 지나쳐갔다. 안쓰러운 생각에 급히 차를 세웠다. 반가운 듯 아주머님은 짐 보따리를 차에 싣고 우산을 접으며 차에 올랐다.

"고맙습니다. 우리 주인 양반이 교통사고로 한 달째 병원에 계시는데 아무래도 어려울 것 같습니다. 아저씨가 한국병원에 계시는데 그곳까지 태워주시면 안 되겠습니까?"

나는 순간 머뭇거렸다. 새로 생긴 외곽도로를 타고 가면 훨씬 시간을 절약할 수 있었고 궂은 날씨에 시내에 들어가면 여간 번거로운 일이 아니었기 때문이다. 아주머님은 다시 말을 이었다.

"아저씨께 따뜻한 죽을 드리고 싶은데 다 식어버릴 것 같아서 그래요."

강한 바람과 함께 쏟아지는 눈보라가 차 앞을 가렸다. 조심해서 가세요. 아주머님은 연방 감사 인사를 하며 병원으로 향했다.

나는 한참을 아주머님 뒷모습을 바라보았다. 조심조심 서둘러 가시는 아주머님은 무슨 생각을 하고 계실까? 한평생 정답게 살아야 할 부부간에 이렇게 한쪽 날개를 잃고 울어야 하는 그런 일은 없어야 할 텐데. 그런 마음을 아는지 모르는지 여전히 눈은 펑펑 쏟아져 내렸다.

돌아오는 길은 좀처럼 속도가 나질 않았다. 연일 오르는 자제 값과 우리 생활을 압박하는 농산물 값 폭락, 게다가 계속된 경기 침체로 농촌은 버티기 힘들 정도로 어려운 상태였다. 그런 현실에서 그나마 나를 지탱해주는 것은 짬짬이 대할 수 있는 좋은 글과 마음 따뜻한 우리 독자들이다.

그래, 저런 분들에 비하면 나는 얼마나 행복한 삶인가. 재롱둥이 막둥이 그 녀석만 보면 저절로 입이 벌어진다. 열심히 일하는 집사람과 식구들 얼굴이 차례로 떠올랐다. 그래 죽을 용기가 있다면 현실에 만족하며 전력을 기울이는 삶을 살아가자! 어렵지만 내 자리를 지킬 수만 있어도 그것이 행복 아니겠는가?

생존과 인연

 2007년 봄이었다. 비닐하우스에서 구슬땀을 흘리며 오이를 수확하던 집사람이 오이 밭고랑에서 금방이라도 쓰러질 듯 탈진한 새끼고양이 세 마리를 발견하였다. 참으로 갖다 놓은 우유를 고무신에 부어 입에 발라주니 정신없이 우유를 핥아먹었다.
 다음 날 오이밭 가장자리에서 어미의 사체를 발견하였다. 참으로 안타까운 일이다. 사체를 수습하여 하우스 뒤쪽에 묻어주었다.
 이삼 일 후 다행히 새끼들은 기력을 찾았고 쫄랑대며

사람 뒤를 따라다녔다.

　그로부터 약 20일 후 새끼들은 우유 대신 빵이나 밥 등을 먹을 만큼 성장하였다. 암컷 1마리 수컷 2마리였다. 오이 작업을 도와주시던 숙모께서 암컷 한 마리를 키우겠다며 데리고 갔다.

　고양이 형제는 서로 의지하며 무럭무럭 자라 재롱을 부렸고 아이들의 귀염을 독차지하기에 이르렀다.

　그러던 어느 날 한 마리가 지나던 차에 치여 목숨을 잃었고, 숙모님께서 데리고 갔던 누이 고양이도 의문의 죽음을 당했다. 홀로 남은 고양이는 의지할 형제를 잃고 얼마나 외롭고 쓸쓸할까. 우리는 고양이를 집으로 데려왔다.

　집에 온 고양이는 아이들의 사랑을 독차지하였지만 점점 성장하면서 변을 가리지 못해 미운털이 박히기 시작했다. 여기저기 심한 악취에 시달리게 되니 고양이를 없애 버리자는 의견도 나왔다.

　하지만 아들 녀석의 사랑은 남달랐다. 학교에서 돌아오면 "야옹아" 하며 고양이를 불러 먹을 것을 챙겨주고 안고 다녔기에 고양이를 싫어하는 엄마의 눈총을 받기도 했다.

　그렇게 지내던 어느 날 일을 마치고 집에 돌아와 보니 고양이가 쥐를 잡아 놓고 있었다. 요 녀석 이제 밥값을 하는구나! 모두 신기하게 바라보았다.

그 후 고양이는 쥐를 잡는 일이 일상이 되었고 철이 들었는지 변도 밖에 나가서 보고 왔다. 이렇게 조금씩 고양이는 자신의 입지를 다지고 있었다.

하우스에 쥐가 출현하자 우리는 고양이를 다시 하우스로 데려갔다. 역시 기대했던 만큼 쥐를 잡았다.

들녘에 자리한 외딴집이라 쥐에게 시달려온 근심을 풀어주었고, 스스로 집과 하우스를 오가며 쥐 잡는 일에 열중했다. 이렇게 되자 고양이는 없어서는 안 될 소중한 가족이 되었다.

그로부터 13년, 수많은 일화를 우리에게 안겨주던 고양이는 자신이 태어난 하우스에서 노환으로 파란만장한 삶을 마무리했다.

살아 있는 모든 것들은 생과 사의 갈림길을 수없이 헤치며 나아간다. 발걸음마다 만나는 인연에서 맛과 빛과 향기의 농도도 달라진다. 그것이 존재의 질을 결정한다.

길 잃은 강아지와 아줌마

　어느 여름날 머리를 깎고 밖으로 나왔을 때 가게 앞에 강아지 한 마리가 다리를 절며 지나갔다. 지나는 자동차에 한쪽 다리를 잃은 게 분명했다. 집 잃고 다리 잃고, 그의 신세가 너무나 처량해 보였다.
　그 강아지를 안쓰럽게 바라보던 바로 옆 가게 아줌마가 어느 틈엔가 조그만 냄비에 먹을 것을 가져와 강아지 앞에 놓았다. 경계를 늦추지 않고 거리를 유지하며 행인들은 힐끔힐끔 쳐다보던 강아지는 어디론가 사라졌다가 사람들이 멀리 간 것을 확인하곤 살금살금 다가와 허겁지겁 먹기 시작하더니 그릇에 붙어 있는 먹이까지 깨끗하게 핥았다. 아줌마 얼굴에 환한 미소가 번졌다.

식사를 마친 강아지는 마비된 뒷다리를 질질 끌며 어디론가 걷기 시작했다. "요 요 요 요" 아줌마를 쳐다보는 강아지가 눈물을 글썽이는 것처럼 보였다. 감사의 눈빛이리라. 정육점 아저씨를 향하여 아줌마가 큰 소리로 말했다. "저 강아지에게 고기 좀 주세요!"

아줌마의 따뜻한 마음에 가슴이 뭉클했다. 아직도 이렇게 따뜻한 가슴을 지닌 분이 계셨구나! 나는 애써 마음을 진정시키며 온갖 핑계와 허욕으로 가득했던 스스로를 반성했다. 행복이란 단어를 되새김질하며 밥 한 그릇에 눈물을 글썽이던 강아지를 떠올렸다. 그 강아지는 지금 어디에서 어떻게 살고 있을까?

주는 행복과 받는 행복. 저울 위에 올리면 아마 평행을 유지하겠지만 사람들은 모른다. 베푸는 것 또한 최상의 보람이요 행복인 것을. 자신의 현실을 비관하며 실의에 빠진 이가 있다면 비록 작은 것이라도 스스로 베풀어 마음의 행복을 얻으면 어떨까? 이 순간부터 세상을 아름답게 바라보도록 노력해야겠다.

인간 승리

날씨가 추워져 하우스 이곳저곳 바람이 들어올 만한 구멍을 막고, 부직포를 치고, 열풍기를 점검하는 등 월동 준비에 박차를 가하던 중 온몸에 통증이 엄습했다. 그래도 갑자기 닥친 추위로 월동 준비가 너무나 급했기에 다음 날 병원을 찾지 못하고 토마토 작업과 월동 준비를 병행했다. 이튿날 자리에서 일어날 수가 없었다.

해남 터미널 부근의 한의원을 찾았다. 이곳은 애들 엄마가 몸이 아프면 가끔 들러 치료하던 곳이었다. 아침 8시 진료 접수를 하고 기다리는 시간, 고통에 일그러진 얼굴이 수없이 울그락불그락, 응접실 불빛 아래 작은 지푸라기라도 잡고 싶은 심정으로 신문을 보고 있는데 간호사가 내 이름을 불렀다.

진료실에 들어가 의사 앞에 앉았다. 병세를 설명하자 의사는 이곳저곳을 점검하며 팔을 올려 보라고 했다. 신음이 저절로 나왔다. 의사는 증세가 매우 심하다고 하면서 간호사를 통해 침구실로 안내했다. 아픈 곳을 찜질하며 얼마나 시간이 흘렀을까? 저만치 두 개의 목발에 의지한 의사가 어렵사리 다가와 아픈 등에 작은 바늘집을 냈다. 간호사가 부황기를 붙여 사혈을 뽑아내자 의사는 침을 놓기 시작했다.

내가 가장 싫어하는 침 20여 개가 내 작은 신음에 아랑곳없이 거침없이 육신을 파고들었다. 침 끝에 의료용 전기가 연결되어 부르르 삭신이 전율하기 시작했다. 얼마나 시간이 흘렀을까. 노심초사 경계했던 침이 뽑히고 다시 전기지압기가 가동되었다.

다음 날 8시 10분, 다시 한의원에 접수하고 기다리는 시간. 오늘은 다소 호전된 상태라 주위를 둘러보니 이 한의원 원장님의 의료 자격증과 상패가 주르륵 한눈에 들어왔다. 두 다리가 없는 어려운 신체조건임에도 아침 8시에 출근하여 아픈 사람들을 위해 헌신하는 모습에 그만 코끝이 찡해왔다.

    지난 시절 원장님도 세상 누구보다 큰 좌절과 실의에 수없이 지옥의 문턱을 왕래하였으리라. 신음하는 환자에게 밝은 미소로 희망과 용기를 복돋우며 성심을 다하는 모습을 눈여겨보았다. 단 한 번의 망설임 없이 척척 구전과 더불어 시술하는 원장님이 우러러보였다.

    5명의 간호사와 더불어 평생을 기약한 제2의 '허준' 선생님은 아닐까. 시기와 질투, 온갖 욕망으로 얼룩진 우리 사회에서 원장님은 희망의 별처럼 보였다.

    세 번째 병원을 찾던 날. 나는 원장님의 일거수일투족을 주시하면서, 고단할 법도 한데 촌각의 시간도 아껴 진료하는 원장님께 마음속으로 힘찬 박수를 보냈다.

    각박한 세파에 시달려 자신의 욕심을 채우기에 급급한 세상에서 이렇게 자신을 내던져 환자들을 내 몸과 같이 돌보는 분이 있다니. 나도 무엇인가 남들에게 베풀 수 있는 마음가짐을 가져야겠다고 생각했다.

할머니의 겨울

 2008년 2월 4일, 안산에 거주하던 작은아버님과 어머님께서 설 연휴를 맞아 해남 집에 내려오셨다. 작은어머니께서 작년 딸 결혼식에 집안 어르신이 보내주신 일십만 원의 축의금을 말씀하시며 그분의 근황을 궁금해하셨다. 일과를 서둘러 끝내고 작은아버님과 작은어머니를 모시고 수소문하여 완도군 군외면 달도리 86세 오금례 할머니를 찾아갔다.
 때는 2월 5일 오후 3시 30분, 마을 할아버지의 안내로 찾아간 작은 오두막의 문은 굳게 닫혀 있었다. 버려진 집을 수리하여 거주하신다고 했다. 혹시나 노인당에 계시지 않을까 생각하여 찾아갔더니 바닷가 개펄에 굴을 까러 가셨다며 해 질 녘에야 돌아오실 거라 했다.

"3시간을 기다려야 만날 수 있으니 오산이나 들어갔다 오자."

오산이 고향인 작은아버님께서 말씀하셨다. 차가운 갯바람을 맞으며 오산리 동네 어귀 둑을 걷던 우리는 추위를 이기지 못하고 차 안으로 몸을 피했다. "안 되겠다. 달리자!" "네! 완도에 얼마 전 개통한 다리가 있으니 그곳이나 다녀옵시다." 바다를 가로지른 웅장한 신지대교를 달리며 모두들 주변 경관에 감탄사를 연발했다.

오후 6시 30분, 일행은 다시 달도리 오금례 할머니 집을 찾았다. 옛 운치를 고스란히 간직한 돌담길을 돌아서니 멀리 희미한 불빛이 먼저 반겼다. "계십니까? 계십니까?" 몇 번을 불러서야 "누구세요?" 문이 열리며 할머님이 나오셨다. "누구? 종희!" 할머니는 반가운 목소리로 맞아주며 작은아버지의 손을 덥석 잡았다.

영하의 날씨에 바다에 나가 굴 채취 작업을 하신 할머니 얼굴은 벌겋게 상기되어 있었고 얼굴에는 아직도 개펄이 묻어 있었다. 방 안에 들어선 순간 얼음장 같은 방바닥에서 차가운 한기가 발바닥을 타고 온몸에 전해졌다. 할머니는 기름값을 절약하고자 불을 끄고 전기장판에 의지하며 종일 바다에서 얼어붙은 몸을 녹이고 있었다. 방 안은 작은 원룸처럼 한편에 가스레인지와 작은 싱크대, 조그만 밥상 하나 그리고 간략한 식생활 도구가 갖추어져 있었다.

설 직후가 친정어머니 제사라 상차림을 위해 연로한 몸으로 동네 아줌마들과 함께 배를 타고 굴 양식장에 다녀오셨다고 한다. 딸만 넷인 친정집에 동생은 어려서 세상을 떠났고 언니들과 어머니도 모두 돌아가셨으니 구순을 바라보는 할머니에게 무거운 짐이 안겨진 것이다. 아직도 추위에 굳었던 몸이 파르르 떨리는 가운데 두 눈을 글썽이는 할머님의 말씀은 계속되었다. 슬하에 1남 7녀를 두신 할머님의 아들은 마흔 살의 나이로 세상을 떠나고 남편마저 병환으로 다시는 돌아올 수 없는 곳으로 떠나보내야 했다.

올해 66세의 큰딸을 비롯해 일곱 명의 딸을 남의 집 작은방에 거주하며 시도 때도 없이 개펄에 나가 일하며 지성으로 키워 출가시켰으나 대부분 생활이 어려워 어머님을 모실 엄두를 내지 못한다고 하였다. 다만, 세 명의 딸이 월 5만 원씩 갹출하여 보내준 15만 원이 할머니의 유일한 젖줄이었다.

이렇듯 어려운 생활 속에서 작은집 혼사에 일십만 원이라는 축의금을 보내시다니, 할머니의 목숨과도 같았을 돈의 무게와 마음 씀씀이에 절로 고개를 수그렸다. 정에 굶주린 할머님은 육촌 딸의 결혼식에 밥을 굶어가며 모아둔 일십만 원을 기쁜 마음으로 보내신 것이다.

할머니의 말씀은 계속되었다. 딸이 일곱이나 있다고 하여 벌써 몇 년째 수급자 혜택을 받지 못하고 있다고 한다. 아무리 지방자치시대라고 하지만 아들도 없이 홀로 사는 구순의 할머니가 영하의 날씨에도 개펄에 나가 일을 하고 냉방에서 떨고 있는데, 이렇듯 외면하는 것이 옳은 것일까?

떨어지지 않는 발걸음을 옮기는 순간에도 매서운 갯바람이 얼굴을 때렸다. 하지만 할머니는 태연하게 서 계셨다. "얼른 들어가세요!" 서로 손을 흔들며 돌아서는 순간 코끝이 찡하고 눈시울이 뜨거워졌다. "할머니, 건강하셔야 합니다." 추위에 얼어붙었는지 입이 오물거릴 뿐 말이 나오지 않았다.

차에 돌아와 보니 모두가 숙연한 마음으로 나지막이 울고 있었다. 작은어머님이 말씀하셨다. 어떻게 해서 할머님이 수급자 혜택을 받을 수 없을까?

아저씨의 죽음

 농사를 천직으로 여기며 근면 성실한 아저씨가 계셨다. 참게 발 한 개로 간장에 찍어 쪽 빨면서 밥 한 숟갈, 그렇게 한 해 여름을 지냈다는 이야기가 실감이 나도록 아저씨의 밥상엔 김치 하나만 올려질 때가 잦았다.

 눈만 뜨면 논으로 밭으로 일, 일, 일! 아마도 우리 농민 대부분이 그렇게 살아왔던 게 아니었을까? 10여 년을 바라본 결과, 아저씨의 삶은 한순간도 흐트러짐이 없었다.

 우리 집에서 읍내를 출입하자면 아저씨가 계시는 마을 앞을 지나야 한다. 평소와 다름없이 마을 앞을 지나던 어느 날, 아줌마께서 다급한 모습으로 차를 세웠다. 사흘 전부터 아저씨가 물 한 모금 마시지 않고 누워 계신다고 하였다.

아줌마는 어떻게 해야 할지 몰랐던 것일까? 혹 돈이 아까워서 병원을 못 갔던 것일까? 아줌마에게 빨리 병원에 가자고 말씀을 드리고는 읍내 병원으로 두 분을 모셨다.

가볍게 생각했던 병세는 예상보다 심각했다. 하루 이틀 사흘이 지나도 정확한 병명을 모른 채 열병은 계속됐다. 결국, 읍내 병원에서 뇌수막염 진단을 받고 수술을 하기 위해 목포에 있는 모 병원으로 이송 중 아저씨는 구급차에서 이 세상을 떠났다.

아저씨는 지금껏 아파도 혼자 이겨 오셨는지도 모른다. 아저씨는 병원비가 없을 만큼 어려운 형편은 아니었다. 아저씨는 행복한 미래를 꿈꾸며 자식들만큼은 남부럽지 않게 키워 보겠노라고, 주린 배를 움켜쥐며 수십 년을 열심히 일하여 모은 돈으로 매년 전답을 늘려나갔다.

아저씨의 죽음은 평소 병원을 모르고 지낼 만큼 건강했던 분이라 더욱더 충격이 컸다. 병원비를 아끼려다 목숨과 바꿔 버린 아저씨의 근검절약은 참으로 안타까웠다. 이것은 어쩌면 우리 농민들의 공통된 자화상일지 모른다.

속된 말로 몸으로 때우는 현실을 지켜보며, 우리는 어

떤 마음가짐으로 농촌에서의 삶에 이해를 구해야 할지, 짧은 시간이라도 짬을 내어 자신을 다독이며 늘 희망적인 마음을 가졌으면 좋겠다.

마지막 순간까지

요즘 농촌은 대부분 기계의 힘을 빌려 농사의 능률을 배가시키고 있다. 그런데 아직도 손수레를 끌며 논밭으로 향하는 국보급 아저씨가 계신다. 아저씨는 몇 해 전만 해도 소를 몰고 전답을 일구며 아줌마와 티격태격 말도 많았지만 이만저만 부지런한 것이 아니었다. 소문에 의하면 아저씨는 말기 암 환자라고 하였다. 병원에서 수술을 시도했다가 너무 많이 전이된 상태라서 포기했다고 한다.

찬바람이 몰아치던 어느 날 아침, 손이 시려 운전대 잡기도 어려운 날, 아저씨는 손수레를 끌고 농로를 지나고 계셨다. 끙끙 앓고 병상에 누워 있어야 할 아저씨는 추운 겨울도 아랑곳없이 일하러 가는 길이었다. 대부분 젊은이가 떠나 버린 고향에서 연로하신 부모님들은 농사를 천직이라 여기고 당신의 뼈마디가 쑤시는 것까지 보람이라 여기며 스스럼없이 일터로 향한다.

십여 년 전에는 우거진 야산이었던 집 주변은 모두 논과 밭으로 일구어져 다도해의 차가운 겨울바람을 몸으로 맞고 있다. 풍문으로는 잠시라도 남편이 쉬는 꼴을 못 보는 아줌마가 아저씨를 일터로 내몰고 있다고도 했다.

아줌마는 무슨 생각에 쓰러져가는 남편에게 노동을 강요하는 것일까? 농산물 값 하락과 자재 값 상승으로 갈수록 어려운 농촌을 지키는 사람에게 힘과 용기를 불어넣을 수는 없을까?

이런 상황에서 아저씨는 농사지은 쌀, 고추 등을 자식들 집으로 보내며 환한 웃음을 짓는다. 아직 팔리지 않은 배추밭 위에 하얀 눈이 소복하게 쌓였다. 아저씨는 이 밤에 무엇을 하고 계실까? 갖가지 상념으로 뒤척이는 밤, 싸늘한 한기가 뼛속까지 파고들었다.

인생의 마지막 꽃을 피우는 아저씨에게 따뜻한 관심과 힘찬 격려를 보낸다.

특송 KTX

설 연휴에 내려온 막내가 돌아가는 날이다. 하우스에서 작업 중인데, 어머님이 신호를 보냈다. 서둘러 일을 마치고 흠뻑 쓴 먼지를 털어내며 집에 와 샤워를 하고 동생과 조카를 차에 태웠다.

시계를 보니 5시 15분. 기차 출발 시각 1시간 30분 전이다. 충분하겠지, 라고 생각하며 이웃 마을에 오이 접목 품앗이 간 아이 엄마를 데리러 갔다. 여러 사람과 이야기 나눌 경황도 없이 목포역으로 향했다.

산이면을 지나 구성리 검문소, 진도에서 목포로 향하는

상경 차량과 만나면서 속도는 뚝 떨어졌다. 혹시나 했던 우려가 현실로 되니 마음이 조급해지기 시작했다.

틈만 보이면 앞으로 나아갔다. 다른 차에게 연방 깜빡이를 켜며 미안한 마음을 전했다. 다시 시계를 보니 평소 40분이면 도착할 수 있는 상동까지 1시간이 소요되어 차량 출발 시각 25분이 남았다.

잘 아는 길이었지만 여기서 역전까지 대략 20개의 신호등을 지나야 하니 정말 아슬아슬하였다. 조급한 마음에 검은 가면을 쓰고 망설임 없이 앞으로 나아갔다.

드디어 부두 옆을 지나 역전에 도착하여 안전벨트를 푸는 순간, 동생과 애들은 벌써 30여 미터 전방을 전력 질주하고 있었다. "와! 빠르다, 올망졸망 싸놓은 박스를 놓고 갔네, 당신은 여기서 지키고 있어요." 아이 엄마도 뛰기 시작했다.

시계를 쳐다보니 6시 35분, 출발 5분 전이다. 잠시 후 숨을 몰아쉬며 아이 엄마가 돌아와 말을 이었다. "고모 정말 잘 달리네요. 어쩌면 뒤도 한번 안 돌아보고 벌써 개찰구를 통과했더군요. 겨우 박스를 전해 줬어요."

설 연휴

우리 5남매 가족, 어른 13명 어린이 11명 모두 24명이 모였다. 여기저기 이야기보따리를 풀어놓으니 그야말로 대목장 같았다. 바둑, 오목, 윷놀이, 카드와 고스톱, 어린이들은 게임 삼매경이다.

새벽에 일어나 차례를 지내고 성묘를 다녀와 하우스로 향했다. 하우스에 오이 모종이 주인을 애타게 기다리고 있기 때문이다. 미안해 조상님께 다녀오느라 조금 늦었어, 육묘상 온도를 확인하고 거적을 열어 햇볕이 잘 들어오도록 하였다.

집에 돌아오니 점심시간, 모두 함께 상을 받으니 잔칫집을 방불케 하였다. 눈으로 들어가는지 코로 들어가는지 함께하는 점심은 그야말로 꿀맛이다. 다음은 디저트로 사과 배 그리고 따끈한 커피 타임, 유난하게 산을 좋아하는 동생들은 벌써 마음이 그곳에 있는 눈치다.

"우리 칡 캐러 갈까?"

"좋아 빨리 도구 챙겨."

삽, 곡괭이, 톱, 빠루를 달구지에 싣고 남자들만 산으로 올랐다. 나무가 빼곡히 자라고 수북이 쌓인 낙엽은 발걸음을 옮길 때마다 소스라치게 놀란 듯 소리를 냈다. 더없이 싱그러운 자연의 숨소리에 삼천 경락은 콧노래를 부르기 시작했다.

백여 년은 된 듯한 칡이 높은 나무를 휘감고 위용을 자랑하고 있었다. 그래 이걸 캐가자. 조심스레 흙을 파헤치기 시작했다. 다행히 뿌리가 표면 가까이 뻗어 있어 약 1시간 만에 기쁨의 환성을 질렀다. 캔 자리를 복원하고 낙엽을 덮어주며 잠깐 감사의 묵념을 하고 여러 토막으로 나누어 하산하였다.

사실 칡덩굴은 다른 나무 위로 뻗어 올라 심하면 그 나무를 고사시키기도 하므로 산림 보호가 한창 성행하던 때는 칡이 수모를 당했었다. 그러나 요즈음은 여기저기 칡이 군락지를 형성하며 골짜기를 지배하는 곳이 많다.

　　35도짜리 소주를 사다 항아리에 넣고 일 년 이상 숙성하여 매일 한 잔씩 복용하면 위장에 특효약이라 한다. 그래, 각자 집에 가지고 가서 실행하도록 하자. 작년에 숙성해둔 칡술이 나왔다.

　　칡술은 제법 잘 우러나 있었고 마치 고량주와 비슷한 향취를 뿜어냈다. 컴퓨터 앞 아이들의 재잘거림이 아득히 멀게 느껴지고 두근거리던 머리는 쿵쿵거리고 이내 눈꺼풀이 파르르 떨리며 자꾸 아래로 포복하기 시작했다. 평상시 나와는 거리가 멀었던 알코올이 신년 초하루에 나를 삼키며 거드름을 피우기 시작했다.

　　'안 돼! 이런 모습을 보여서는.' 두 손을 불끈 쥐며 내게 최면을 걸었다. '겨우 칡술 두 잔에 의지를 잃으면 되겠어?' 밖으로 나와 찬바람을 쐬며 최면을 걸었다. 20여 분이 지나자 술기운이 서서히 고개를 숙였다. 아무 일 없던 것처럼 함께 어울려 윷놀이를 즐겼다. 여기저기 환성이 터지고 설날 밤 형제자매 모두 하나가 되었다.

개명

할아버지가 삼남매의 이름을 지어주셨다. 큰애는 '춘심', 둘째는 '병승', 셋째는 '병재'다. 큰딸인 춘심의 이름을 지어 왔을 때 집안이 발칵 뒤집혔다. 사주에 명이 짧은 운세가 있어 천한 이름을 불러주어야 장수할 수 있다고 했다.

지금까지 딸아이가 받은 고통은 이만저만 큰 것이 아니었다. 병승이와 병재 역시 오 씨가 병자 돌림 이름을 가지면 출세하지 못한다는 말을 들으니 여간 마음이 편치 않았다. 고심하던 중, 춘심이 고 1학년 후반기에 개명을 결심하고 읍내의 잘한다는 철학관을 찾아갔다.

　부모와 애들 사주를 풀어본 결과 두 개의 이름, '승이'와 '찬주'가 나왔다. 승이는 작은집 사촌 동생 이름이라 찬주를 택했다. 내친김에 병승이는 동윤으로, 병재는 승윤으로 개명을 하고 1인당 20만 원씩 60만 원을 지불했다. 집에 돌아와 할아버지와 잠시 언성이 높았다. 다음 날 딸아이가 다니는 해남고등학교 친구들에게 의견을 수렴하여 찬주로 개명하기로 했다.

　평생 한 번만 허용된다는 개명 신청서와 송달료를 지불하고 인지와 등본, 인우보증서 2통을 첨부하여 광주지방법원 해남지원에 개명 신청서를 제출했다.

　약 30일 후 6살 병재를 승윤으로, 약 45일 후 춘심이를 찬주로 바꾸는 개명 결정문이 도착했다. 다음 날 병승이를 동윤으로 하는 개명 결정문이 무슨 연유인지 각자 따로따로 집에 도착했다. 숙원이었던 개명 허가서를 받고 우리 가족은 개명한 이름을 부르며 하얀 미소로 이야기꽃을 피웠다.

　한창 사춘기를 보내고 있었던 딸아이는 기존 이름이 기생 이름이라며 수시로 놀림거리가 되었던 까닭에 누구보다 기뻐했다. 이름 때문에 수많은 화제를 뿌렸던 춘심이는 찬주라는 새 이름을 얻었다. 그러나 딸아이 가슴에 남아 있는 상처는 어쩌면 평생 치유할 수 없을지도 모른다.

찬주, 동윤, 승윤, 삼남매가 항상 건강하고 씩씩하게 자라 이 나라의 대들보가 되어주길 염원하며 개명 제도가 우리 아이들처럼 고민하는 사람들에게 새로운 삶의 활력이 되었으면 좋겠다.

주는 기쁨 받는 행복

　오늘은 아들 동윤이가 해남중학교를 졸업하는 날이다. 둘째 승윤이는 원호분교 유치원을 면 소재지에 있는 황산초등학교에서 같은 시간 오전 10시 졸업식을 하였다. 졸업식이 끝나고 우리는 두 아들과 아들 친구 등 5명을 데리고 읍내 서성식당에서 점심을 먹었다.
　사내아이 셋을 데리고 식탁에 둘러앉자 주방 아줌마가 부러운 눈으로 바라보더니 덕담을 늘어놓았다. "여기 둘은 아들이고 애들은 아들 친구입니다." 오늘 따라 너무 맛이 좋아 정신없이 먹고 있는데, 식당 아줌마가 "저기 육수와 시래기를 더 드릴까요?" 한다.

아줌마는 함지박에 약 3인분의 뼈다귀와 육수를 가지고 오셨다.

"오늘이 아들 중학교 졸업식인데 배불리 먹이세요!"

아들 졸업식 날 뼈다귀 해장국집으로 졸업 기념 식사를 하러온 것이 측은해 보였던 모양이다. 순간 울컥, 뜨거운 것 하나가 목젖을 자극하며 눈가에 이슬이 둥지를 틀었다. '아직 세상은 메마르지 않았어.' 나는 고마운 아줌마 얼굴을 바라보며 몇 번이고 감사와 존경의 눈빛을 보냈다.

잘 아는 사이도 아닌데, 오늘의 수고를 작은 보람으로 바꾸신 아줌마의 사랑이 너무나 크고 고귀하게 다가왔다. 아줌마의 사랑을 곁들인 뼈다귀해장국은 혀에 찰싹 달라붙었다. 비록 남의 일이지만 내 일처럼 생각하고 훈훈한 정을 나누어주신 아주머니에게 진심으로 감사드린다.

어머님

　아득한 추억을 더듬어 본다. 보릿고개를 넘던 시절, 우리 5남매를 애지중지 사랑으로 키워주신 어머님!
　하루하루 품팔이, 하루 품삯 겉보리 두 되. 언제나 자식 생각으로 그렇게 새벽같이 일어나 겉보리를 방아 절구통에 찧어 껍질을 까고 종일 물에 불려 두었다가 좁쌀과 고구마 썰어 넣고 밥을 지으셨다. 할머님 아버님 그리고 우리 5남매 정성스레 다독다독 밥그릇에 담다 보면 어머님 몫이 없었다. 할머님과 아버님이 한 수저씩 덜어 드렸다. 어머님은 그렇게 주린 배를 안고 삯일을 나가셨다. 얼마나 배가 고팠을까. 지금 생각하면 마음이 쓰리고 아프다.

어머님은 바느질 솜씨가 좋았다. 난잡했던 우리들 옷은 여기저기 해져 어머님의 정성으로 살이 보이는 것을 면할 수 있었고, 농번기가 오면 우리는 끼니 걱정을 하지 않게 되었다. 점심시간이 되면 동생들 손을 잡고 어머님 일하시는 들로 나가 배를 채웠다. 이렇게 헌신적인 사랑으로 어느덧 손자 손녀가 중학생이 되었다.

어머님은 기관지확장증으로 피를 세 번째 토하고 쓰러지셨다. 응급실에서 사흘간 사경을 헤매다 가까스로 고비를 넘기고 한 달간 입원 치료 후 퇴원하셨고, 지금은 통원 치료 중이시다. 그러던 어느 날 손과 다리가 떨리고 힘이 없다고 하셨다. 대학병원에서 파킨슨병 진단을 받았다. 그후 매일 약에 의존하시는 삶을 보내고 계시지만 불꽃같은 투혼으로 이것저것 일손을 놓지 않고 최선을 다하셨다.

늦은 시간 글을 쓰다 졸고 있으면 어떻게 아셨는지 이불을 덮어주신다. 당신 몸도 힘에 겨우신데, 어머님의 사랑은 이렇게 끝이 없다. "어머님 사랑합니다." 수없이 외쳐보지만 가슴속 메아리로 잠들고 마는 저는 불효자식입니다. 바람 불면 금방이라도 날아갈 것 같은 "어머님! 당신을 사랑합니다. 사랑합니다."

응급실에서

개미처럼 기어가는 자동차 사이를 비집고 조급한 경보음이 울리더니 순식간에 응급센터 앞에 끼이익, 문이 열리기가 무섭게 종종걸음으로 환자를 이송하는 안전요원들. 입을 굳게 다물고 초조하게 그 뒤를 따르는 일행들이 안으로 들어서자 의사들이 뛰어나온다. 주위를 둘러볼 겨를도 없이 일문일답. 어느덧 팔뚝에 주삿바늘이 꽂혀 있고 응급실 가장자리에 시선이 집중되었다.

분주하게 오가는 사람들, 침상에 신음하는 사람들이 이제야 시야에 들어온다. 쉴 틈 없이 환자들이 들어오고, 다시는 떠올리기 싫은 고통과 눈물과 무의식 속에 한 올의 머리카락 같은 연약한 삶의 꼬랑지에 수없이 많은 꼬리 글들이 각양각색으로 매달려 운명의 줄타기에 여념이 없다. 그들의 혼은 반쯤 빠져나와 싸늘한 밤하늘을 배회하며 쏟아지는 눈에 젖어 가냘프게 떨고 있었다.

백의 천사들의 눈빛은 한 곳에 고정되고, 끈적끈적한 삶으로 인도하는 거미줄을 뽑아내기 위해 부지런하게 움직이는 그들의 모습은 담담하기만 하였다. 이윽고 이마에 땀방울이 맺히고 환자들은 거미줄을 타고 새로운 삶을 향해 곡예하듯 초췌한 모습으로 각양각색 희미한 불빛 아래 흔들리고 있었다.

창밖을 보니 쏟아지던 눈발이 싸늘한 바람에 쫓기다 지쳐 바닥에 몸을 눕히고, 차들은 그들이 안중에도 없는 듯 마구 짓밟고 지나간다.

밤은 깊어가고 여전히 분주한 백의 천사들의 움직임, 그들은 신음하는 사람들의 유일한 구세주였다. 그들에게 생명을 맡길 수밖에 없는 초라한 모습, 초점 잃은 눈동자는 천장에 매달린 전등을 주시하고, 옆에 앉은 보호자는 어느새 고개를 숙이며 모든 것을 잊고 싶은 듯 꿈속으로 빨려들었다.

뚜벅뚜벅 점점 가까워지는 발걸음 소리, 백의 천사가

다가와 혈압을 측정하고 약품이 처방된다. 하나, 둘 돌아오지 못할 길로 떠나가는 사람들, 눈물로 그들을 배웅하고 바로 앞 병상에는 벌써 20일째 혼수상태란다.

지쳐버린 보호자는 힘없는 목소리로 외친다. 차라리 빨리 떠났으면 하고 들릴 듯 말 듯 중얼거린다. 자신의 처지를 비관하며 주삿바늘을 뽑아버린 사람은 안전원의 손길에 손발이 묶여서도 고래고래 소리를 질렀다.

안도의 한숨을 돌리며 입원실로 옮겨가는 사람들은 인생 재역전의 디딤돌을 마련코자 자신과의 싸움을 시작한다.

삶과 죽음은 백지 한 장 차이, 남은 생을 어떻게 살아야 할지, 한 번쯤 자신의 삶을 뒤돌아보았으면 좋겠다.

희망의 717호

 파킨슨병으로 6년째 투병 생활을 하시던 어머님께서 2007년 여름부터 병세가 악화되었다. 날씨가 너무 더워서 그러는가 생각했는데 가을이 지나고 초겨울이 왔는데도 점점 식사량이 줄어 밥을 넘기지 못하여 죽으로 연명하셨다. 밤이면 찬바람이 삭신을 파고들어 고통을 호소하셨다. 식구들이 등 허리 다리를 주물러 드려야 했고, 아버님은 밤잠을 설치는 날이 많아졌다.

 그러던 어느 날 토마토 작업을 하고 있는데 아버님께서 전화하셨다. "큰일이 났다. 너희 어머니 이제 더 버티지 못할 것 같다." 벌써 이틀째 물 한 모금까지 토하신다는 것이다. "걱정하지 말고 일해라. 상황 봐서 전화할 테니."

그날 서둘러 일을 끝내고 어머님 방문을 열어 보니 아버님께서 간호하다 지쳐 소주를 드셨는지 발그스레한 얼굴을 하고 어머님을 구박하고 계셨다. 여느 때와 달리 흐릿한 눈동자에 물빛 그림자가 일렁거렸다.

"엄마! 어디가 많이 아파요?"

나는 어머님 팔다리를 주무르기 시작했다. 약 30여 분이 지날 무렵, "이제 되었다. 일하고 힘들 테니 그만 가서 쉬어라!" 그 정신에도 아들 걱정하는 한마디에 가슴이 찡하고 눈물이 핑 돌았다.

다음 날 아침부터 헛구역질이 더 심해지고 기력이 약해져 끙끙 앓고 계셨다. 아버님께서 "이제 틀린 것 같다." 하시며 병원 가자는 것도 만류하셨다. 도저히 인정할 수 없는 현실에 눈앞이 캄캄해졌다. 일이 바쁜 핑계로 진즉 병원에 모시지 못한 것이 후회스러웠다.

그래도 이렇게 속수무책 앉아 있을 수는 없었다. 단 1%의 희망이 있다면 포기할 수 없는 것이 자식 된 도리가 아니던가!

어머님을 모시고 해남병원에 도착하여 파킨슨 주치의를 찾았다. 우선 입원하여 떨어진 체력을 보충하면서 구토의 원인을 밝히기로 하였다. 피검사와 CT 촬영 등 필요한 검사를 마치고 7병동 717호에 입실하였다.

그날 밤늦게 애들 엄마만 남기고 식구들은 집으로 돌아왔다. 다음 날 일찍 필요한 짐을 꾸려 찾아가니 어머님께선 찬바람이 안 들어오니 한숨 돌렸다며 살며시 손을 잡았다. 어제 토한 원인을 찾으려던 검사 결과는 큰 이상이 없는 것으로 나왔지만 방금 먹은 약까지 토하는 것으로 보아 다른 원인을 찾아야 했다.

그렇게 하여 변비약이 처방되고 그날 밤 두어 차례 화장실을 드나드시더니, 다음 날 아침 약간의 죽을 드시고 약을 먹을 수 있게 되었다. 원인은 파킨슨 약 때문에 변비가 수반되고 변을 볼 수 없는 지경에 이르러 며칠을 방치한 것이 자칫 회복하기 어려운 상황에 이르게 된 것이었다.

주치의를 찾아가 기쁜 마음을 전하며 파킨슨 약의 분량을 조절해달라고 부탁하였다. 아버님께서 병원에 남기로 하고 우리는 일상으로 돌아왔다.

이후 어머님은 하루가 다르게 좋아졌지만 쇠약해진 체력 때문에 계속 입원 치료를 하기로 했다.

토마토 작업이 있던 날 간호사실과 같은 병실에 토마토를 돌렸다. 병실에서는 먹을 것을 사다 서로 나누어 먹는 등 몇몇 장기 입원 환자와 보호자들의 우애가 갈수록 두터

워졌다.

오늘도 어김없이 병원을 찾아갔다. 때마침 아버님과 운동 나온 어머님 손을 꼭 잡았다. 어머니를 바라보니 어느 순간인지 눈가에 방울방울 눈물이 고였다.

'어머님 용서하세요! 더 잘해 드리지 못해 정말 죄송합니다. 그리고 고맙습니다. 이렇게 회복하여 걷는 모습을 바라볼 수 있으니 참으로 다행입니다.'

나는 마음속으로 빌고 다짐하며 감사의 기도를 올렸다.

717호 병실에 들어서자 모두가 웃는 모습으로 반겨주었다. 당뇨와 치매 등으로 입원해 계신 할머니들이 이렇게 밝은 모습을 한다는 것은 참으로 긍정적인 일이다. 환자의 회복에도 큰 도움을 줄 것으로 생각되었다. 그때 717호 문이 열리더니 식당 아줌마가 밥을 가져왔고 서로 밥과 반찬을 나누어 먹는 등 이미 한 가족이 되어 있었다.

이번 일을 계기로 나는 커다란 교훈을 얻었다. 무슨 일이든 포기하지 않고 온 힘을 다해야 한다는 것을. 717호에 입원하신 할머니들은 어려운 투병 중에도 늘 웃음을 잃지 않고 서로 격려하고 염려하며 작은 것 하나까지 나누어 먹었다. 이러한 훈훈한 모습에서 희망이란 보물을 발견하였다.

717호 희망 열차는 오늘도 뜨거운 숨결을 토하며 땅끝을 이륙해 행복의 나라로 힘차게 비상하고 있었다.

사랑의 유효기간

 2010년 팔월 한가위, 아버님과 작은아버님 어머님 그리고 동생들과 조카들이 모였다. 성묘를 뒤로하고 1년 전 지병인 파킨슨병과 치매로 해남군 마산면 가나안요양병원에 계시는 어머님을 찾아갔다. 병원에 도착하여 면회 신청을 하고 어머님을 기다렸다.

 만나는 사람마다 환한 미소로 우리를 반겨주었다. 얼마나 기다렸을까. 어머니와 우리 가족은 눈물의 상봉을 하였다. 앙상한 뼈만 남은 어머님을 바라본 우리 가족은 저마다 눈시울이 뜨거워졌다. 큰며느리가 포도알 하나를 따서

씨를 발라 어머님께 드렸으나 기도가 막혀 한참 동안 곤욕을 치렀다.

이곳에 올 때마다 어머님의 손등이나 얼굴에 늘 상처가 있었다. 앙상한 뼈만 남은 어머니는 아마도 몸을 아끼지 않고 생존 경쟁을 벌이는 것은 아닐까? 자식의 도리를 다 하지 못하는 내 자신이 너무나 미웠다. 금이야 옥이야 진자리 마른자리 가려가며 길러주신 어머님께 너무나 송구하고 죄스러웠다.

3남 2녀 어느 자식 하나 넉넉한 살림이 아니기에 모든 것이 마음뿐, 아려오는 가슴은 우리 형제 모두 같았을 것이다.

가족 모두 어머님과 일대일로 대면하며 인사를 나누고 이름을 물어보았다. 놀랍게도 대부분 이름을 기억하고 계셨고, 미처 기억하지 못하는 조카도 있었다.

눈물로 치러진 면회 시간이 지나고 큰조카가 할머니를 병실로 모시고 돌아설 때 수간호사가 우리를 불렀다. "저기 잠깐만 기다리세요." 급히 어디론가 다녀온 수간호사의 손에는 종이 한 장이 들려 있었다.

"할머니가 쓴 편지예요."

수간호사가 내민 종이에는 우리 가족의 이름이 적혀 있었고 가족 모두를 사랑한다는 눈물겨운 사연이 빼곡히 쓰여 있었다.

    가슴을 도려내는 아픔이 한동안 계속되었다. 돌아서는 발걸음이 천근만근이었다. 운전석에 올랐지만 걱정의 소용돌이는 쉬 그칠 줄 몰랐다.

    깜박깜박 그 희미한 기억을 더듬어 마른 낙엽처럼 야윈 자신은 뒷전으로 하고, 어머니를 병원이라는 감옥에 가두어버린 자식 생각을 앞세우신 어머니, 당신은 참으로 위대합니다.

    가난한 가정에서 평생 자식을 위해 헌신하신 당신을 우러르며 경건한 마음으로 머리를 조아립니다. 자격은 없지만 존경하고 사랑합니다.

2003년 하계휴가

2003년 5남매 중 3남매의 휴가 날짜가 정해졌다. 7월 30, 31일. 한 달 전부터 이루어진 사전 답사와 주위의 추천으로 약산도 가사해수욕장과 진달래공원이 휴가지로 결정됐다.

경관이 수려한 동백숲으로 이루어진 약산도의 가사해수욕장은 시원한 해풍이 종일 불고 흑염소가 한가로이 풀을 뜯는 매력적인 진풍경을 지니고 있다. 뿐만 아니라 진달래공원은 축구 야구 등 단체 게임을 즐길 수 있고 가볍게 산을 오를 수 있는 등산로와 약수터가 있어서 만점이었다.

  29일 오후, 일산에서 사업하는 막냇동생과 통화하면서 누나가 시부모님이 병원에 입원하셔서 참석하기 어려울 것이란 이야기를 들었다. 장소를 변경하여 쉽게 돌아갈 수 있는 가까운 곳으로 가면 고려해 보겠다는 것이다.

  고심 끝에 우리는 목적지를 남도국악원 부근의 바닷가로 결정하였다. 8월 30일 정오 무렵 우리 3남매의 가족은 저마다 부푼 가슴을 달래며 진도로 향하고 있었다. 사실 시골에 온 지 20여 년 동안 일박이라는 가족 휴가가 처음이었기에 나지막이 뛰는 가슴은 신나는 리듬에 빠져들었다.

  진도읍을 지나 지산면 소재지와 서망, 세방, 두 개의 작은 포구를 지나 남도국악원 가는 길, 어머니 품속 같은 해안선 가장자리에 여장을 풀었다. 약 2킬로쯤 되어 보이는 해변에 수많은 조약돌이 저마다 아름다움을 빛내며 파도의 음률에 쉴 새 없이 엉덩이를 들썩이고 있었다.

  말로는 다 표현하기 어려운 아름다운 해변에서 끝없이 밀려오는 파도를 꼬옥 보듬자 저 멀리 태평양까지 나아갈 것 같았다. 속세의 모든 번뇌를 탈피한 순간, 가슴 구석구석 자라난 잡초들이 하나, 둘 그 자리에 드러눕기 시작했다.

무더위 속 방울방울 흘러내리는 땀에도 아랑곳없이 서사모아(西Samoa) 인근에 온 듯한 정취에 빠져들었다. 현실로 돌아가는 길을 잊었다. 조약돌의 신기에 가까운 몸놀림과 쉴 새 없이 들려오는 발걸음 소리가 마치 태평양을 건너 천국으로 치닫는 말발굽 소리 같았다.

해변 그늘을 찾아 돗자리를 깔고 햇빛 가리개를 설치하고 낚시 장비를 점검하는 등 모두가 분주하게 움직이고 있었다. 모래 대신 굵은 자갈로 이루어진 몽돌해변을 우리는 신발을 벗고 밀려오는 파도에 발목을 적시며 즐거운 비명을 질렀다.

하루가 서산에 걸리자 모기들의 공습이 시작되었다. 일박을 약속했던 여동생이 병원에 계신 시부모와 집에 두고 온 아주버님이 마음에 걸린다며 이쯤에서 돌아가게 되었다. 어지럽힌 주변을 정리하고 쓰레기를 수거하여 돌아가는 길, 집에 들러 준비했던 닭죽을 끓여 맛있게 나누어 먹고 내년을 기약하며 아쉬운 이별을 하였다.

다음 날 정오 무렵, 막둥이 동생과 우리 두 집 일행은 흑석산 계곡으로 두 번째 피서를 떠났다. 여기저기 일찍 온 사람들이 자리를 잡고 계곡에 발을 담그며 등목을 하는 등 시름을 달래고 있었다.

티 없이 맑은 계곡에 발을 담그기가 무섭게 이마에 맺

혔던 땀방울이 도망가 버렸다. 계곡 물소리와 산새들의 천국에서 낯선 이방인들이 여기저기 세상 사는 이야기보따리를 풀며 즐거운 담소를 나누었다.

막내 녀석과 막둥이 아들 두 녀석은 무모하리만큼 계곡을 오르내리며 제철을 만난 물고기처럼 한참도 쉬지 않고 파닥거렸다. 실로 아름다운 자연의 선물을 아끼고 사랑하리라 다짐하며 아쉬운 발걸음을 돌렸다.

홀로서기

경기도 포천시 근교에 쪽파 재배로 성공한 여장부가 있다는 소식을 듣고 인근 농가 몇 분과 견학하기로 했다. 이영심 여사의 농장이었다.

해남에서 포천까지 약 6시간이 소요되는 장거리였다. 저녁 6시에 출발하여 밤 1시 포천의 어느 모텔에 해남 촌놈 6명의 일행은 여장을 풀었다. 다음 날 아침 해장국 한 그릇에 허기를 달랜 후 이영심 여사의 농장을 찾았다. 제일자동차학원을 가로질러 몇 걸음 옮기자, '고궁농장'이라는 희미한 목간판이 시야에 들어왔다.

포천 산골의 차가운 칼바람이 머리칼을 흔들며 살을 에일 듯 온몸으로 파고들었다. 일행 중 이영심 여사와 같은 문중으로 절친한 이성학 씨가 도착 직전 전화를 해둔 터였기에 저만치서 여사가 모습을 드러내며 우리를 반기셨다. 서로 인사를 나누고 해남에서 준비해간 쌀 한 가마와 방울토마토 4박스를 선물로 내려놓았다. 이영심 여사는 따뜻한 커피와 녹차를 내왔고 귤도 한 광주리 꺼내왔다.

여사는 비 가림과 수막시설로 연간 수억의 소득을 올리는 배경과 그동안 삶에 대해 말씀하셨다. 1991년 뜻하지 않은 사고로 남편과 사별하고 두 아들을 바라보며 살아오던 중 큰아들이 딸 하나를 둔 채 여사의 곁을 떠났다는 대목에서 내 눈시울이 뜨거워졌다. 작은아들이 어머니 일을 도와 농장을 관리하고 있는데 슬하에 아들, 딸, 아들, 딸, 2남 2녀를 두었고 서울 퇴계원에서 한 시간 거리를 출퇴근하며 행복하게 살고 있다고 자랑하였다.

애들 둘을 데리고 상경하여 가락동시장에서 중 도매인을 시작으로 오늘에 이르기까지 여사의 눈물겨운 이야기를 경청하였다. 이야기를 듣는 동안 사람은 어떤 시련이 닥치더라도 자신의 노력 여하에 따라 얼마든지 극복할 수 있다는 진리를 엿볼 수 있었다.

하우스에는 싱싱한 시금치와 얼갈이배추가 자라고 있었고 일부 하우스에서는 수확과 결속 작업이 한창이었다. 150평 한 동에 시금치는 약 3,000단, 얼갈이배추는 약 2,000단을 수확할 수 있는데, 일 년이면 7~8회 수확이 가능하다고 했다.

이곳에는 약 150평짜리 하우스가 85동 정도가 있단다. 겨울 작물은 약 90일에 수확할 수 있고 봄에서 가을은 30~60일이 지나면 수확이 가능하다고 했다.

고궁농장 관리인은 인도인이었다. 알코올중독 증상이 보여서 술을 가까이하면 해고하겠다고 다그쳤더니 결국 무릎을 꿇고 용서를 빌었다고 한다. 이후 그는 열심히 하겠다는 약속으로 애인보다 좋아하던 술을 끊고 벌써 몇 년째 충직하게 일하고 있단다. 이영심 여사를 엄마라고 부르며 자신의 일을 척척 찾아서 한다며 자랑하였다.

이 여사는 이처럼 끊고 맺는 것이 확실한 대인관계로 하우스에 근무하는 모든 근로자에게 노력한 만큼의 대가를 반드시 돌려준다며 자신의 경영 철학을 말했다.

점심시간이 되자 이 여사는 우리 일행을 포천 이동갈비로 소문난 '명가원'으로 안내했다. 우리는 맛있는 이동갈비를 배를 두들겨가며 포식했다. 그동안 있었던 여러 일을 이야기하며 시간 가는 줄 몰랐다.

아쉬운 이별의 순간, 이 여사는 오늘 수확한 시금치와 얼갈이배추를 각각 한 상자씩 나누어 주셨다. 올가을엔 고향 문중에 상석을 기증하겠노라고 했다. 피땀 어린 돈을 값지게 쓰겠다는 이 여사의 기개와 도량에 찬사를 보냈다. 오늘이 있기까지 얼마나 노력했을까? 또 남몰래 흘린 눈물은 얼마나 많았을까?

환한 웃음으로 손을 흔들던 이영심 여사의 얼굴이 지금도 선명하게 떠오른다. 여자의 몸으로 그것도 맨주먹으로 시작하여 일구어낸, 중소기업에 버금가는 그분의 고궁농장을 견학하며 우리가 어떤 마음가짐으로 어떻게 살아야 하는지 숙고할 수 있었다. 어떤 시련이 닥치더라도 낙심하지 말자, 지혜와 용기와 끈기로 슬기롭게 헤쳐 가리라, 다부진 각오를 다지며 돌아왔다.

김장과 알레르기

 나는 김장철 새로 담근 생김치를 무척 좋아한다. 그런데 몇 년 전부터 고민이 생겼다. 게장 새우 집먼지진드기 너도밤나무 번데기 등의 알레르기로 고생하고 있기 때문이다. 내가 겪고 있는 알레르기는 백과사전에는 병리학 용어로 'allergy, 앨러지'로 되어 있고 아래와 같은 설명이 있다.

 건초열·곤충독알레르기·천식 등을 일으키는 면역 글로불린 E(IgE)라고 하는 항체를 포함한다. IgE 분자는 치밀

하지 않은 결합조직에서 발견되는 비만세포와 결합되어 있다.

과다한 항원이 IgE 항체에 결합하면 비만세포는 히스타민과 헤파린 과립을 방출하고 류코트리엔 등의 물질을 생산한다. 이러한 잠재되어 있던 화학물질들은 혈관을 팽창시키고 공기의 통로인 기도를 수축시킨다. 히스타민은 알레르기에 의해 콧물이 흐르거나, 숨이 가쁘고, 피부가 부어오르는 외형적인 증상의 원인이 된다. 심각하거나 때로 치명적인 I형 알레르기 반응은 아나필락시쇼크(→아나필락시)라고도 한다.

I형 알레르기 반응에 대한 개인적 소인은 유전적으로 결정된다. 알레르기의 가장 좋은 예방법은 알레르기를 일으키는 물질의 유입을 막는 것이다. 항히스타민제는 일시적인 고통을 완화시켜 주기도 한다. 또 다른 유용한 방법은 탈감작으로서, 환자에게 알레르기 반응이 일어나지 않을 때까지 항원을 점차적으로 늘려가면서 일정 기간 이상 주입시키는 것으로 기록되어 있다.

올해에도 어김없이 김장철이 도래하여 여기저기서 김치가 들어왔다. 생김치를 좋아하는 나는 알레르기 위험을 감수하면서 정말 맛있게 그 김치를 먹었는데, 그로부터 약

2시간 후 온몸에 알레르기가 발생하였다. 김치에 생새우가 들어 있었던 것이다. 발끝에서 머리까지 붉은 반점이 생기고 간지러워 그 길로 약국을 찾아 알레르기약을 복용했다.

그 사건으로 말미암아 김장 때 새우를 넣을 것인지 아닌지 둘로 구분하여 담글 것인지 논란이 생겼다. 이런 와중에 지인으로부터 새우 대신 낙지를 넣으면 더 맛이 좋다는 말을 들었다. 조심스럽게 아내에게 이야기했더니 어떻게 따로 김치를 담글 수 있겠느냐며 버럭 화를 내었다. 가뜩이나 하우스 일로 눈코 뜰 새 없었기에 반론을 할 수도 없었다. 지켜보던 숙모님께서 집안 대주가 알레르기로 김치를 먹지 못하는데 무엇 때문에 새우를 고집하느냐며 일침을 놓으셨다. 결국 집사람이 고집을 꺾고 130포기 전체에 낙지를 넣기로 하였다.

예전에 시장에 나가 채소를 팔 때 우리를 도와주시던 '이쁜이 아줌마'에게 산 낙지 큰 걸로 40마리와 오징어 15마리, 조기 새끼 100여 마리를 샀다. 아줌마는 마수를 잘 해주었다며 오징어 한 마리와 낙지 한 마리를 덤으로 주셨다. 김장을 하시던 숙모님들은 낙지 김치는 처음이라며 어떤 맛이 나올지 특별한 관심이 있었다. 드디어 점심때 준비해간 목살 5근을 푹 삶아 방금 담근 김치에 보쌈하였는데 입안에 철썩 달라붙는 맛이 정말 일품이었다.

김장을 할 때 새우를 넣는 사람이 많기 때문에 나는 식당에 가면 김치를 함부로 먹지 못한다. 우리 식단에서 빼놓을 수 없는 대표적 반찬이 김치이기에 언제나 불이익을 감수해야 했다.

아무튼, 이번 김장은 하우스 일로 바쁜 우리 집 사정을 염려하신 외숙모님께서 당신 집에서 배추를 절이고 건지고 여러 숙모님과 더불어 버무려주었기에 큰 어려움 없이 마칠 수 있었다. 또한 낙지와 오징어, 조기 새끼, 디포리, 다시마, 청각, 마늘, 생강, 멸치젓 등을 첨가한 올해 김치는 역대 김장 김치 중 최고의 맛을 선사했다. 벌써 이틀째 김치 하나로 밥 한 그릇을 뚝딱 해치울 만큼 맛있는 식사를 하고 있다.

참고로 아나필락시는, 이물질이나 항원에 접촉할 때 생체에서 일어나는 심각한 과민성 반응으로, 격렬하고 즉각적이며 때로는 치명적일 수 있다. 이 쇼크에 걸리기 쉬운 종(種)인 마모트에서 많은 연구가 진행되었는데, 이 동물의 체내에 난백알부민 같은 항원을 1차 주입했을 때는 일반적으로 해가 없다. 그러나 2~3주 후에 재주입하면 상당히 다른 결과가 나타난다. 재주입 후 수분에서 심지어 몇 초 만에 재채기가 나고 코에 포도창이 생기며, 안정을 잃고 호흡 곤란을 일으킨다. 마모트는 아나필락시에 의해 일어나는 무력증으로 폐에 산소를 효과적으로 공급하지 못해서 죽게 된다.

    이런 희귀병에 시달리고 있다는 것을 생각하면 할수록 가슴 아픈 현실이지만 내게 주어진 복이 그만큼인 것을 어찌하겠는가. 모든 것을 겸허하게 받아들이고 하늘이 나를 필요로 하는 그날까지 감사와 겸손으로 내게 주어진 삶에 온 힘을 다하며 충실하게 살아가야겠다.

내게도 형님이

나는 3남 2녀의 장남이다. 1962년 어느 견우와 직녀가 만나던 직후 어스름한 밤, 전라남도 해남군 고담리 가장 높은 곳에 자리 잡은 대나무로 둘러싸인 조그만 초가에서 나는 태어났다.

부모님은 우리 5남매를 키우기 위하여 온갖 궂은일을 마다하지 않고 성실하게 살아오셨다. 나는 가난한 집의 장자로 태어난 까닭에 늘 기죽어 지냈고 매사에 소심했다. 그런데도 부모님의 참된 가르침 덕분에 늘 맑고 정의롭게 살아올 수 있었다.

1974년 우리 가족은 정들었던 고향을 떠나 황산면에 보금자리를 꾸몄고 45여 년 동안 각고의 노력으로 부끄럽지 않은 오늘을 맞게 되었다.
　아버님께서 돌아가신 이듬해 손주가 태어나 요즘은 재롱을 부리는데 얼마나 귀여운지 삶의 청량제 역할을 한다. 이렇게 하늘의 가피(加被)를 입어 또 하나의 행복이 내 가슴을 살찌우기 시작했다.
　몇 달 전, 고담리에서 같이 자란 인주 친구에게 전화가 왔다. 고담리에서 살 때 동네 우물 바로 윗집에 살던 형님과 연락이 되었는데 옛날 일을 하나도 빠짐없이 기억하고 있다고 했다. 그리고 내 안부와 전화번호를 물었다고 하였다.
　그 후 얼마 안 되어 성관이 형님에게 전화가 왔다. "동네 우물 윗집 살던 김성관을 기억하느냐?"고 물었다. "어렴풋이 기억이 납니다." 답했더니, 이어서 아버지 어머니(고모 고숙) 안부를 물었고 모두 돌아가셨다고 하니 눈시울을 붉혔다.
　얼마 후 성관이 형은 우리 집에 오셨고 이산가족이 상봉하듯 기쁨을 나누었다. 우리는 오랫동안 옛날이야기로 시간 가는 줄 몰랐고 대화 끝에 아버님을 고숙이라 불러 할머니 집안의 형님이라는 사실을 알게 되었다.

평소 형님이 계셨으면 얼마나 좋을까 생각하며 형님을 가진 친구들을 부러워했는데, 기적이 일어난 것이다. 그동안 마음으로 소원했던 형님이 생긴 것이다.

"우리 친형제처럼 지내자!"

"네 형님!"

얼마 후 형님에게서 전화가 왔다. "형록아, 시집 감명 깊게 읽었다."고 하시면서 시집을 팔아줄 테니 계좌번호와 함께 여유 있는 대로 보내 달라고 하였다. 그동안 바쁜 일정과 각종 문학 모임이 어려워지면서 시집을 현관에 쌓아두고 말았는데, 제4집 200권과 5집 400권, 모두 600권을 보내게 되었다.

그 후 형님은 자주 전화를 주셨고 시집 판매금으로 우선 100만 원을 보내왔다. 나는 형님 덕분에 글을 써서 수익금이 생기면 금목걸이 하나 해주겠다던 2005년 아내와 한 약속을 20년이 지나서야 지킬 수 있게 되었다.

그 후 형님께 하루가 멀다 하고 안부 전화를 하였고 형님은 내게 일방적이고 과분한 사랑을 주셨다. 좋은 글을 쓰는 것이 형님의 배려에 보답하는 길이라 생각하며 향수가 묻어나는 작품을 쓰기 위해 시인으로서 부끄럽지 않도록 노력할 것을 다짐했다.

간절한 마음으로 염원했던 소원은 이렇게 현실로 다가

왔고 지금도 꿈을 꾸는 게 아닌지 의심스럽기만 하다. 아무리 힘들고 어려운 일일지라도 간절한 마음과 믿음이 있다면 반드시 이루진다는 것을 깨닫게 되었다. 이 세상 모든 희로애락은 우리들 마음에 존재하며 마음가짐에 따라 수시로 변한다는 것을 믿게 되었다.

언제나 긍정적인 마음으로 자신의 앞길을 헤쳐 나간다면 풍요롭고 가치 있는 삶을 살아갈 수 있다.

또다시 불러 보고 싶은
형님!

제3장
문학-중투호를 찾아서

사람과 사람 사이에서 소담스럽게 피어나는 인연의 꽃은 얼마나 아름답고 향기로운 것인가? 서로 부대끼고 의지하며 살아가는 과정에서 생겨난 약속이 상호 이해관계를 돈독하게 하거나 돌이킬 수 없는 벼랑에 서게 만들기도 하지만, 끝없는 노력으로 주어진 인연과 약속을 더없이 향기로운 꽃으로 피워 보자.

– 「인연과 약속」 부분

혹부리 아저씨

언제부턴가 나는 알레르기로 고생하고 있었다. 근본 치료를 위해 전남대병원을 찾아가 원인 검사를 하였다. 아스피린 검사에서는 사용 금지 판정을 받았다. 또한 등에서 50가지 피부반응 검사를 하였는데 집먼지진드기, 바퀴벌레, 게, 새우, 밤나무 등에 알레르기가 있는 것으로 나타났다.

병명은 '알레르기성 두드러기, 아나필락시스, 알레르기성 천식, 알레르기성 비염, 만성 상악동염'이었다. 어처구니없는 진단과 함께 아나필락시스 응급치료제로 희귀 약품 처방전을 받았고, 축농증 치료와 알레르기 발생을 억제한다는 약으로 '오논캅셀, 지르텍정, 후릭소나제코약'을 가까운 약국에서 구입했다.

저녁 늦게 돌아와 처방받은 약을 먹고 잠이 들었는데 잠자리가 편치 않았다. 이른 아침 몸 여기저기에 흉한 두드러기가 발생해 있고 손발이 부었다. 주먹이 쥐어지지 않았으며 발바닥이 아파 보행이 몹시 불편했다.

아침 일찍 읍내 병원을 찾아가 해독 주사를 맞고 약을 복용했다. 두드러기는 조금씩 사라진 듯했지만 하루에도 두세 차례 나타났다 사라졌다를 반복하였다. 아마 약과 힘 겨루기를 하는 것 같았다. 다음 날도 두드러기는 사라지지 않아 또다시 병원을 찾아야 했다.

이거야말로 혹 떼러 갔다 혹을 붙인 셈이 되었다. 글을 쓰는 이 순간에도 약 기운인지 자꾸 눈꺼풀이 내려가고 현기증이 난다. 그런데도 온몸의 두드러기는 사라질 줄 모르니 모든 일에 회의감이 생기고 만사가 귀찮아진 혹부리 아저씨는 야심한 크리스마스이브에 소리 없이 울고 있었다.

열흘 동안 입원 치료를 받았지만 극심한 두드러기는 사라지지 않는다. 나는 전남대병원에서 처방한 3개월 분의 약과 희귀 약품 처방전을 모두 소각했다.

나의 생명은 하늘이 주신 것, 죽고 사는 것은 하늘의 뜻이다. 이렇게 다짐을 하니 마음이 차분해졌다. 아무리 힘들고 극한 상황이 와도 마음을 다잡고 초연할 필요가 있는 것이다. 그 후 오늘까지 음식물 섭취에 주의하면서 무탈하게 지내고 있다.

한도 초과

최근 몇 년 동안 나를 괴롭히던 알레르기에 대한 정밀 검진을 위해 한 달 전에 예약한 전남대병원에 갔다. 진료를 마치고 원무과에서 카드를 내밀었더니 한도 초과라고 했다. 되돌려받던 손이 파르르 떨렸다. 지갑을 뒤적거려 여기저기 비상금을 꺼내 진료비를 계산하니 겨우 집에 돌아갈 버스비만 남았다.

집에 돌아가기 전에 약을 타야 했다. 고민에 잠겨 약국에 들어서는 발길이 무거웠다. 약값(3만 원)은 진료비보다 싸니까 어쩜 될지도 몰라. 온통 시선이 카드체크기에 쏠렸다. 바늘방석에 앉은 듯 불안한 마음을 겨우 달래고 있는데, "사인해 주세요!" 한시름 놓았다.

　최근 수십만 원에 달하는 고액 결제가 빈번했던 것을 잊고 있었다. 이런 곤란한 경우를 생각하여 사용 내용을 기록해 두었더라면…. 약값을 결제하지 못해 빈손으로 돌아가야 했을지도 모른다는 생각을 하니 눈앞이 아찔하였다.

　버스를 타고 돌아오는 길, 그동안의 긴장이 풀렸는지 스르르 눈꺼풀이 내려앉았다. 아마 내 정신력과 체력이 한도를 초과했나 보다. 멀미가 염려되어 앞자리에 앉는데 비몽사몽 맞은편에서 오는 차량을 향하여 무의미한 인사를 계속하고 있었다.

　모든 일에는 자신의 분수와 한도가 있게 마련이다. 그 한도를 초과하면 자신은 물론 남 보기에도 틀림없는 꼴불견이다. 누구나 자신의 분수를 알고 겸손하며 자신을 낮추는 자세로 자신의 한도를 초과하는 일이 없어야겠다.

마음

톨스토이는 말했다. "사람들에 대한 선의는 인간의 의무이다. 만일 우리가 선의로써 사람을 대하지 않는다면 우리는 인간의 가장 중요한 의무를 이행하지 않는 것이 된다. 또한 친절한 마음은 모든 모순을 풀어주는 인생의 꽃이다. 그것은 싸움을 해결해주고, 어려운 일을 수월하게 해주며, 어둠을 밝게 해준다."

마음은 형체와 색깔이 없지만 이것으로 우리는 서로를 알리고 표현하며 상호 간 믿음을 키워 간다. 마음은 한없이 따뜻하고 온유하며 자애롭지만 변덕스런 날씨처럼 급변하여 거센 폭풍우를 동반하기도 한다. 마음속에는 선과 악이 공존하는 것이다.

순자는 "인간의 본성이나 감성적인 욕구가 악할 수 있기 때문에 악한 충동이나 공격성을 지니게 된다. 그렇지만 인위적인 노력에 의하여 사람은 선해질 수가 있다."고 성악설을 주장했다.

인간의 마음은 부리는 사람의 소양에 따라 질과 양 그리고 그 색깔이 달라진다. 만약 자신의 소양이 부족하다면 그 빛이 바래 있을 것이며, 그렇지 않다면 자신만의 특유의 색깔로 찬란한 빛을 발하고 있을 것이다.

사람들은 때에 따라 자신의 속내를 감추고 잘 드러내지 않으려 한다. 함부로 속내를 드러내었다가 자칫하면 망신살이 뻗치고 돌이킬 수 없는 결과를 초래할 수 있기 때문이다. 하지만 마음이란 감추어 두고자 존재하는 것은 아닐 것이다. 모름지기 마음이란 세상에서 가장 너그럽고 따뜻하고 솔직한 모습으로 당당하게 보여줄 수 있어야 할 것으로 생각한다.

『채근담』에 보면 "악한 일을 하고 나서 남이 알까 봐 두려워하는 것은 아직 악함 속에도 선으로 향하는 길이 있기 때문이다. 선한 일을 하고서 사람들이 알아주기를 서두르는 것은 아직 그 선 속에 악한 뿌리가 남아 있기 때문이다."라고 하였다.

먼저 주면 받을 수 있는 것이 훈훈한 정이 넘치는 사람의 마음이다. 이렇게 선한 마음을 나누며 함께 살아가는 것이 사회이다. 다소 부족하고 부끄럽고 손해 보는 듯하더라도 먼저 마음의 문을 열어 보는 것이 좋다. 허물은 덮어주고 덕은 칭송하며 서로 먼저 배려하는 것을 습관화하여 마음과 마음을 하나로 묶는다면 세상은 참으로 아름다울 것이다.

오월 가정의 달을 맞이하여, 세상에서 가장 소중한 자신의 가족에게 혹여 소홀하지 않았는지 되돌아보며, 조금이라도 마음에 거리끼는 일이 있다면, 먼저 손을 내미는 아량으로 용서와 화해의 달이 되도록 다 함께 노력하는 것은 어떨는지.

모두 한 포기 화초를 가꾸는 마음으로 정성을 다한다면 언젠가는 평화와 행복이 가득한 경이로운 인생의 동산에 참다운 행복이 넘칠 것이다.

사랑의 존재와 의미

 세상에 만약 사랑이 존재하지 않는다면 이 세상은 어떻게 변해 있을까요.
 인권이란 어디에도 없고 폭력과 공포가 만연한 세상이 돼 있지 않을까요.

 얼음장 같던 마음도 사랑의 손길이 닿으면 사르르 녹아내려 출렁이는 강을 이룬다. 우주 천지 만물은 사랑에서 태어나 사랑으로 영위하며 사랑으로 생을 마감한다.
 사람들 또한 모태로부터 태어나 사랑의 씨를 받고 그것

을 잘 가꾸려 온갖 노력을 아끼지 않는다.

우연이든 필연이든 인연이란 약속된 사랑의 시작이다. 미미하지만 작은 관심과 노력이 모여 결국 헤아릴 수 없도록 거대한 태산을 이룬다.

그들은 비와 바람을 불러 세상 만물의 단잠을 깨워 꺼져가는 생명에 혼을 불어넣고 풍파에 일그러진 미간을 곧게 펴준다.

사랑은 권태로운 심신을 일깨워 자신의 존재와 방향을 제시해주는 마력을 소유할 뿐만 아니라 뭇 생명의 삶을 윤택하게 해주는 윤활유와 같은 것이다.

자신의 목숨을 두려워 않고 종족을 보호하려는 동물들의 눈물겨운 장면을 우리는 종종 목격할 수 있다. 물론 종족 보존 본능과 사랑은 다소 다르게 해석할 수도 있겠지만, 큰 틀에서 보면 그것 역시 세상에서 가장 고결한 사랑임을 아무도 부인할 수 없을 것이다.

즉 사랑은 세상의 그 어떤 값진 물건보다 귀중한 것으로 결코 돈으로는 살 수 없다. 겉만 번지르르하게 포장할 수도 없다. 마음 깊은 곳에서 스스로 우러나온 진실을 행동으로 옮겼을 때 참사랑은 고결한 아름다운 꽃으로 피어

날 것이다.

  사랑은 일방적으로 베푸는 것이 아니라, 함께 아낌없이 나누는 것이다. 계속 받기만 한다면 진드기처럼 언젠가는 배가 터져 죽게 될 것이 뻔하지 않은가!
  세상에 음양이 있고 하늘과 땅이 존재하듯 서로 주고받는 것이 대자연의 순리요 도리가 아니던가!
  아직도 늦지 않았다고 생각한다.

  당신의 가슴에 사랑의 씨앗을 깨워 싹을 틔워 보세요.
  정성을 다해 가꾼다면 머지않아 봉오리를 밀어 올릴 것입니다.
  그리하여 아름다운 꽃이 활짝 피면 그 향기를 이웃에게 아낌없이 모두 나누어주세요.
  당신은 비록 화무십일홍일지언정 당신의 존재는 그들의 기억 속에 영원히 남아 숨 쉴 것입니다.

고향

    사람들은 누구나 잊을 수 없는 유년의 추억과 어머니 품처럼 아늑한 고향을 가지고 있다. 그들은 대부분 고향 또는 객지에서 미지의 세계를 탐하며, 많은 정성과 부단한 노력으로 꿈과 이상을 향해 끝없는 도전을 한다. 두 주먹을 움켜쥐고 뛰어든 낯선 타향에서 수많은 좌절과 절망을 맞이하기도 하지만 마치 오뚝이처럼 다시 일어설 수 있는 원동력은 고향이라는 정신적 지주가 있기 때문이다.

    때때로 타향에서 서러움과 고통의 눈물을 흘리지만, 애써 참고 견딜 수 있는 것 또한 고향에 계신 부모님과 가족들을 생각하기 때문이다. 타향에서 흘린 눈물을 세공하여 갈고 닦으면 고귀한 진주가 되어 찬란한 빛을 발할 것이다. 하지만 자신의 목표를 이루고 나면 타향살이의 서러움과 안주할 수 없는 현실에 공허한 가슴 한쪽은 그 무엇으로도 채울 수 없게 된다. 이때 그것을 극복할 수 있는 정신적 위로제가 바로 고향이다.

우리는 살아가면서 저마다 목표를 세우고 그것을 이루기 위해 노력한다. 때로는 수단과 방법을 가리지 않기도 한다. 마치 한 마리 독수리가 먹이를 노리고 암팡지게 낚아채는 모습과 다를 게 없으리라.

인간의 욕심이란 밑 빠진 항아리와 같다. 평생을 두고 채워도 채울 수 없다. 많은 사람의 눈물과 희생을 담보로 이룩한 소위 '성공'이라는 말에는 인간으로서 용납할 수 없는 일을 행한 흔적이 수두룩하다. 그렇게 사람들은 최고를 추구하지만 수없이 되풀이되는 삶의 쳇바퀴 속에서 때가 되면 누구나 위대한 자연 앞에 전전긍긍하게 되는 나약한 존재이다. 누구나 태어나 다시 한 줌 흙으로 돌아가는 것이다.

고향에 관한 꿈은 대부분 길몽이라고 한다. "고향에 있는 자신의 논밭이나 집이 폐허가 되는 꿈은 뜻밖의 행운이 찾아오는 아주 길한 꿈이다." "고향을 찾아가거나 집을 향해 걸어가는 꿈은 하고 있는 일이 마무리되는 종결, 성공, 완성 등을 뜻한다."라고 한다. 삶의 희로애락 속에서 부단하게 노력하며 사람답게 살아갈 수 있는 것은, 언제든 다시 돌아갈 수 있는 고향이 있기 때문이 아닐까?

고향은 든든한 후원자다. 우리의 삶을 지탱해주는 원동력이다. 고향이나 고국을 떠나 오랜 생활을 하는 사람들은 대부분 지독한 향수병에 시달린다고 한다. 죽음을 맞이하는 그 순간까지 우리의 정신세계에 언제나 잠재해 있는 고향은 세상 그 무엇과도 바꿀 수 없는 소중한 보물이다.

농사를 짓는 농촌(고향)에 FTA 한파가 몰아쳐 풍요롭고 넉넉하던 농심에 시퍼런 멍울이 자라고 있다. FTA를 살펴보면 "2006년 2월에 개시한 한미FTA 협상이 2007년 4월 2일, 타결되었다. 한미FTA는 상품, 무역구제, 투자, 서비스, 경쟁, 지재권, 정부조달, 노동, 환경 등 무역 관련 제반 분야를 망라하는 포괄적 FTA이며, 북미자유무역협정(NAFTA) 이후 세계 최대의 FTA가 되었다. 한미 양국의 경제 규모를 합치면 약 14.1조 달러로 EU, NAFTA에 이어 세계 3위에 해당하게 된다." 또한 "한미 자유무역협정의 최대 승자는 더 저렴한 가격에 상품을 구입할 수 있게 된 한국과 미국 두 나라의 소비자들이다."라고 되어 있다.

겉보기엔 결코 손해 볼 것 없는 협상이지만, 농민의 처지에서 살펴보면 결코 묵인할 수 없는 일로 아스라한 벼랑 끝에 몰린 꼴이 되었다. 어떻게 하면 자랑스러운 우리의 고향과 부모 형제를 지키는 것일까? 기존의 고정관념을 버리고 우리 것을 더욱 소중하고 자랑스럽게 생각해야 한다. 신토불이, 우리 것을 더욱 적극적으로 애용하는 것이 고향을 지키는 길이요, 자신을 지키는 유일한 길임을 알 수 있다.

객지 생활을 오래 한 사람은 고향 사람을 만나면 반가워 손을 잡고 서로 고향을 자랑하며 시간 가는 줄 모르고 담소를 나눈다. 사람들은 누구나 심신이 지칠 때면 어김없이 고향을 찾는다. 고향은 어김없이 그들을 반겨 맞아 무소의 뿔처럼 치닫던 심신을 다스려준다. 이러한 자랑스러운 고향이 있기에 우리는 언제나 불가능을 가능으로 반전시키며 행복을 추구할 수 있게 되는 것이다.

삼면이 바다인 내 고향 해남에는 자유를 꿈꾸는 갈매기가 너울너울 창공을 누비고, 자랑스러운 한반도의 시작 땅 끝 탑이 우뚝 솟아 있다. 마치 한 폭의 그림처럼 끝없이 펼쳐진 다도해의 비경이 보는 이의 혼을 빼앗는다. 솔바람 새소리가 들리고 불경 소리가 귓전에 맴돈다. 대흥사를 비롯하여 여러 사찰이 있어 무욕의 심신을 해탈하게 해준다.

수억 년을 거스른 공룡의 천국 우항포에는 쥐라기 백악기를 예약한 타임캡슐이 미지의 세상을 향해 여행을 준비한다. 황홀한 비경 천 년의 꿈 땅끝 일출, 만년 대계 시아 바다의 낙조.

아! 이렇게 아름다운 우리의 보금자리, 구수한 사투리와 넉넉한 인심으로 출렁거리는 해남에서 활기차고 멋진 청운의 꿈을 마음껏 펼쳐가고 싶다.

바람 불던 날

비닐하우스 농사에는 수많은 어려움이 있지만 최대의 적은 바람이다.

이른 아침에 애들 등굣길. 간밤에 내린 눈이 간헐적으로 쌓여 있고 돌풍과 함께 간간이 거센 눈보라가 몰아쳤다. 이몽리 산 아래를 치달릴 때 심하게 차가 흔들리고 차창 틈새로 살을 에는 바람이 유리창을 넘나들었다.

오늘은 절임 배추 건지는 날. 뚝 떨어진 기온과 심한 바람으로 손발이 얼어 감각이 없었다. 아이 엄마는 남리장에서 구입한 쪽파, 청각, 디포리, 다시마, 대파, 멸치젓, 목포

갈치, 마늘, 당근, 굴, 갓, 사과를 고춧가루와 버무려 김치 양념을 만들었다.

하우스에 와 보니 바람의 위력을 실감할 수 있었다. 순간 작년 겨울 갑자기 몰아친 돌풍에 하우스 비닐이 날리고 그날 밤 내린 폭설로 120일 정성 들인 방울토마토가 돌이킬 수 없는 동해를 입었던 기억이 떠올랐다.

미처 마무리 못 한 비닐은 바람에 북북 찢길 듯 펄럭이고 있었다. 서둘러 하우스에 올라 튕겨 올라온 스프링을 다시 조이고 펄럭이던 가장자리를 조심스럽게 잘랐다. 하우스 뒤편 골짜기를 타고 거세게 불어닥친 바람에 온몸이 싸늘하게 얼어가고 있었다.

땅거미가 내리고 차가운 밤이 되었지만 바람은 좀처럼 사그라지질 않는다. 이렇게 사나운 바람은 언제 어느 때 우리에게 돌이킬 수 없는 상처를 안길지 모른다. 갖은 노력과 투자로 일구어놓은 삶의 터전을 위협하는 가장 큰 테러리스트는 바람이다. 글을 쓰는 이 순간도 문을 흔들고, 내 가슴도 마구 흔들고 있다.

삶이란 감당하기 버거운 순간순간을 슬기롭게 극복하는 하나의 과정이다. 높이를 가늠할 수 없는 장애물을 넘었을 때 느끼는 짜릿한 성취감이야말로 행복이란 대어를 낚을 수 있는 맛있는 밑밥이 아닐까?

무릉도원(武陵桃源)

 이글거리는 태양은 육신을 쥐어짜고 비집고 나온 땀은 이마를 타고 흘렀다. 산 밑 아스팔트 태양열을 집약시켜 뜨거운 열기가 인내를 시험하려는 듯 모락모락 피어올랐다.
 이윽고 울창한 숲 개울가에 접어드니 맑은 물속 조약돌이 저마다 고운 모습을 뽐내고 작은 물고기들이 유유자적 놀고 있었다. 맑고 고운 개울에 손 담그고 이마를 훔치니 기분이 상쾌해졌다. 용기를 얻어 작은 등산로를 따라 오르기 시작했다.

온몸에 진득진득 쉴 새 없이 흐르는 땀. 태양은 아직도 화가 풀리지 않았는지 산 중턱 후텁지근한 열기가 지친 몸을 금방이라도 삼킬 것만 같았다.

다리가 아프기 시작했다. 마음이 고개를 살래살래 흔들자 그대로 길가에 털썩 주저앉아 버렸다.

타들어오는 갈증으로 입가에 하얀 거품이 맺히자 이렇게 더운 날 대책 없이 산행을 택한 것이 후회스러웠다. 산 중턱에선 마실 물도 없었다.

찜통더위 속에 쌕쌕거리며 이대로 있을 순 없잖아, 올라가자, 가야 한다, 마음을 추스르자 나도 모르게 발걸음이 떨어졌다.

그렇게 얼마나 시간이 지났을까. 마치 10년쯤 흘러간 듯 몽롱해질 무렵, 아스라이 능선이 보였다. 하지만 마음만 앞서갈 뿐 좀처럼 속도가 나지 않았다. 얼마 후 능선에 올라선 순간 세상이 바뀌었다.

하늘이 주신 에어컨이 시원한 바람을 내뿜고 있었다. 그 시원함은 상상을 초월하여 뼛속까지 얼얼하였다.

작은 바위에 걸터앉아 올라왔던 곳을 물끄러미 바라보니 그리 멀지도 않은 곳을 힘들어 했구나 하는 생각이 들었다. 그래, 포기하지 않은 것이 다행이야. 이렇게 시원하고 좋은 곳이 있을 줄 몰랐으니까. 멀리 옅은 구름 사이로 다도해의 수려한 모습이 장관이로구나! 어딘가에 신선들이 바둑을 즐기고 있을 것 같아 나도 모르게 두리번거렸다.

아! 아름다운 자연이구나! 풀 한 포기 바위 하나도 평소와는 전혀 달랐다. 작은 나무 위에 새들이 노래하고, 나비들 너울너울 꽃을 찾아 기웃기웃… 잠자리 한 쌍 꼬리를 물고 곡예(曲藝) 비행을 하였다. 그때 양떼구름이 떼를 지어 바위를 감싸고 나무를 감싸며 내게 다가와 손 잡고 가슴 뿌듯한 포옹을 하였다.

아! 여기가 무릉도원(武陵桃源).

개미에게 받은 메시지

 목포 갯바위 공원 산책로 입구 장맛비가 잠시 멈춘 사이 보도블록을 가로질러 길게 펼쳐진 개미들의 행렬을 보았다. 우리에게 지방도와 국도 그리고 고속도로가 있듯이 그들에게도 약속된 길이 있는 것일까? 입에 무엇인가 하나씩 물고 일사불란하게 움직이는 것을 보며, 가던 걸음을 멈출 수밖에 없었다.

 분주하게 움직이는 개미들의 행렬을 보며 현재 우리가 사는 사회를 뒤돌아보지 않을 수 없었다. 인류가 추구하는 인권의 자유와 평등이라는 지상낙원, 그러나 우리는 이념과 관념의 벽을 넘지 못하고 반목과 불신의 바리케이드를 치고 상대를 그물 속에 몰아넣으려 혈안이 되어 있다. 무한경쟁시대에 나름대로 최선의 노력을 다하는 모습은 바람직하지만, 그렇다고 인간의 인권마저 무시하고 상대를 짓밟는 일은 문화인으로서 생각할 수 없는 파렴치한 일이다. 우리 국민이 민족상잔 이후 폐허가 된 국토를 어떻게 하여 다시 일구었는가? 그것은 국민의 눈물겨운 피와 땀이 밑거름되었음은 너무나 자명한 일이다.

언젠가 뉴스에서 이런 보도를 들은 적이 있다. "남산터널 매표원을 뽑는 시험에 모 대학 석사 출신이 두 명이나 응모하였다고 한다."

단지 터널 통행 차량의 검표를 위하여 십수 년의 학교생활을 하며 부모님의 피와 땀을 강요했단 말인가. 실로 가슴 아픈 현실이 아닐 수 없다. 사람들은 각자 맡은 일을 얼마만큼 소화하고 있을까?

요즘은 대학을 졸업해도 취직하기가 어렵다고 한다. 일부 인기 직종은 낙타가 바늘구멍을 통과하는 일만큼이나 어렵다. 또 어떤 사람은 힘든 일을 꺼려 스스로 노숙자가 되는 어처구니없는 일도 있었다. 그래서 남보다 앞서가고자 그들보다 몇 배의 노력을 해야 한다는 결론이 나온다.

개미를 유심히 관찰해 보면, 여러 마리의 개미들이 큰

먹이를 잡아끄는 모습을 볼 수 있다. 이때 개미들이 서로 자기가 원하는 방향으로 먹이를 찬탈한다면 무슨 일이 벌어질까?

하지만 개미들에게 그런 모습은 좀처럼 찾아볼 수 없다. 비록 작은 곤충이지만 그들은 언제 어디서나 자기가 맡은 일에 온 힘을 다하며, 자신의 집단을 위해서라면 아무리 큰 상대가 나타나도 두려워하지 않고 당당하게 맞선다. 일단 전투가 벌어지면 물불을 가리지 않는다. 이러한 강인한 정신과 단결로 이루어진 개미는 여왕개미를 중심으로 단일 집단을 형성한다. 죽음의 공포에 두려워하지 않을 뿐 아니라 동료를 배신하는 일도 거의 없는 것으로 알려졌다.

이에 비하면 인간은 어떠한가. 자신에게 어려운 일이 닥쳤을 때 시도해 보지도 않고 미리 포기한 적은 없었는지, 끈기와 인내로 자신에게 주어진 임무에 최대의 노력을 기울였는지 되돌아보아야 한다.

수인사대천명(修人事待天命)이라는 말이 있다. 자신이 할 일을 다 한 후에 천명을 기다린다는 뜻이다. 사람이 누릴 권리란 모두가 하늘이 주는 것임을 명심하고 반드시 자신이 해야 할 의무에 충실해야 한다는 것이다.

개미들의 행렬을 보며 만물의 영장으로서 부끄럼 없는

삶을 살고 있는지 반문해 본다. 자신에게 주어진 일에 전력을 기울이는 장인 정신도 떠올려 본다. 오늘 개미에게 받은 메시지를 잊지 않고 내게 주어진 일에 자긍심을 갖고 온 힘을 다해야겠다는 생각을 한다.

현대인과 음주문화

 각종 스트레스로 지친 현대인에게 없어서는 안 되는 것 중 하나로 술을 꼽을 수 있다. 노동으로 지친 몸을 달래주기도 하는 술은 각종 애경사에서도 빠지지 않는다.
 적절한 음주는 내면의 슬픔을 달래주고 기쁨을 배가시켜 우리 생활에 커다란 활력을 주기도 한다. 술병에는 "과음을 하면 병에 걸릴 수 있다."라는 경고문이 있다. 여차하면 야수로 변할 수 있는 두 얼굴을 가진 것이 술이다. 이를 남용하거나 부주의하면 갖가지 부작용으로 낭패를 당하게 된다.

술을 과하게 마시면 집중력이 떨어진다. 소화나 숙면에 지장을 초래하기도 한다. 술을 습관적으로 복용하면 각종 신체 기관이 손상되어 그 기능이 저하된다. 사고와 행동이 부자연스럽고, 순간의 충동을 자제하지 못해 각종 범죄를 유발할 수 있다.

더욱이 반복된 음주로 목숨을 잃기까지 하는 사례를 우리는 주위에서 심심찮게 마주한다. 여간 가슴 아픈 일이 아닐 수 없다. 각종 파티나 행사장에서 억지로 술을 권하거나 폭탄주를 마시게 하여 목숨을 잃었다는 뉴스도 종종 접한다. 이렇듯 술은 만병의 근원으로 인간의 수명을 단축하는 원흉이 되기도 하다.

생활에 활력을 주는 적당한 음주량은 남녀노소에 따라 다르므로 자신의 주량을 정확하게 파악하여 술을 마시는 것이 중요하다.

"건강한 사람은 2홉들이 소주 1병을 매일 마셔도 해가 되지 않지만, 대부분의 사람은 소주 1병 반을 마시면 1일, 2병 이상을 마시면 2일 이상 쉬는 것이 좋다고 한다. 또한 조금씩 자주 마시는 것이 건강에 이롭다고 한다."

각종 파티나 행사장에서 억지로 술을 권하거나 폭탄주를 서슴지 않는 일은 반드시 근절해야 한다. 물론 하루아침에 습관을 바꿀 수 있는 일은 아니지만 그렇다고 수수방

관한다면 우리는 술의 노예에서 해방되지 못할 것이다.

우선 자신의 의지를 굳게 하고 내 가정에서부터 잘못된 관행은 없는지 잘 살피고 하나씩 바로잡아야겠다.

부모로부터 물려받은, 세상에 가장 소중한 것이 있다면 건강한 육신과 올바른 사고일 것이다. 그것을 하찮게 여기는 사람은 대부분 불치병을 얻어 평생을 암흑 속에 살다가 비운의 주인공으로 전락하게 된다. 그들을 위한 돌파구로 알코올 클리닉이 성행하고 각종 식이 요법과 한방 요법이 있지만 결국은 병으로 허덕이다가 한 줌의 흙으로 돌아가는, 실로 가슴 아픈 현실이다.

그렇다면 우리는 어떻게 이 친구(술)를 어르고 달래 독약이 아닌 영약으로 섭취해야 할까?

제일 먼저 바로잡아야 할 것은 잘못된 음주 습관이다. 무엇보다 지나친 음주의 부작용을 깨닫고 스스로 절제하는 습관을 가져야 한다.

'건강은 건강할 때 지켜야 한다.'라는 격언을 되새기며, 우리의 음주문화를 바로잡고 건강한 가정, 건전한 사회를 만드는 데 우리 모두 앞장설 것을 강력하게 주장한다.

포대(布袋)에 담긴 양심

 방울토마토 농가 토론을 위해 농업기술센터로 향하던 중, 복평 톨게이트를 지나 4차선 도로에 접어들었을 때 쓰레기를 줍는 환경미화원이 보였다. 속도를 낮추고 유심히 바라보던 나는 깜짝 놀랐다. 쓰레기를 담아 둔 포대가 길가에 쭉 늘어서 있는데, 무단투기 된 쓰레기가 상상을 초월하는 분량이었다. 이 순간 가슴 한구석에서 묘한 소용돌이가 일었다.
 버려진 양심이라니. 이것이 지성인이 모여 사는 우리 사회의 현주소란 말인가. 2007년 3월 16일 오전 11시를 전후하여 이곳을 지난 사람이라면 누구나 다 같은 생각을 했으리라!

어슴푸레한 새벽, 시린 손을 호호 불며 골목길에서 쓰레기를 거둬들이고, 자동차가 쌩쌩 달리는 곳에서 생명을 담보로 위험을 감수하며 대로변의 나뭇잎과 각종 투기물과 오물을 쓰는 환경미화원. 묵묵히 일하는 그들이 있기에, 우리는 깨끗한 환경에서 풍요로운 일상을 기분 좋게 시작할 수 있다.

지금 이 순간부터 자기 양심에 조금이라도 꺼리는 일이라면, 비록 작고 하찮은 것일지라도 결코 가볍게 행동해서는 안 될 것이다. 스스로 돌아보며 반성하는 계기가 되었으면 좋겠다.

포대 속에 갇힌 양심(良心)은 망연자실(茫然自失) 괴로워하고 있을까? 만약 자기 자신이 포대 속에 갇혀 있다면 그 심정이 어떨까? 그렇다. 이것은 누구를 탓하기보다 자기 자신의 문제다. 버린 사람도 반성을 했으면 좋겠다.

한 알의 모래가 모여 끝없는 백사장을 이루고, 작은 풀 한 포기, 나무 한 그루가 모여 울창한 숲을 이루듯, 우리 한 사람 한 사람의 노력과 정성이 모이면 우리 사회는 아름답고 살 만한 세상이 될 것이다.

버리는 사람과 줍는 사람, 그리고 버리지 않는 사람, 당신은 어떤 사람이 되고 싶은가? 줍는 사람은 될 수 없을지언정 최소한 버리지는 말아야 한다.

우리 자녀는 지금 어떤 생활을 하고 있을까? 많은 시간과 자본을 투자하여 자녀 교육을 하고 있지만, 혹시 인성(人性)교육에 소홀하지는 않는지 잘 살펴보고 올바른 생각을 할 수 있도록 가정에서 부모가 솔선수범하는 데 힘써야 한다.

물질문명의 발전에 따라갈수록 심화한 오염물질로 우리 국토는 물론 전 지구촌이 몸살을 앓고 있다. 각종 산업지역의 오염물질과 생활용품, 그리고 하루가 다르게 늘어나는 자동차의 배기가스는 오존층을 파괴하여, 각종 질병을 유발시키고 시시각각(時時刻刻) 우리들의 숨통을 조여오고 있다.

우리가 처한 현실을 올바로 인식하고 그 피해를 최소화하도록 노력하는 작은 실천이 곧 우리 목숨을 지키는 길이며 지구촌을 살리는 지름길임을 한시도 잊지 말아야겠다.

말

 말은 인간에게 꼭 필요한 소통의 도구이자 사유의 기반이다. 말은 사용하는 사람에 따라 귀하거나 천하며, 아름답거나 추하다. 주위를 돌아보면 실천하지도 못할 말을 함부로 떠드는 사람이 있다. 이것은 지성인으로서 바람직하지 못하다. 말은 경우에 따라 상대에게 돌이킬 수 없는 상처를 주고 자신의 인격 또한 실추시킨다.
 언어는 인간의 삶을 완성하는 세상에 가장 아름답고 고귀한 꽃이다. 인간의 무한한 창의력도 언어가 없이는 생겨날 수 없다. 언어는 인간이 꿈꾸는 모든 것을 구현하는 마술사로 인간의 삶을 살찌우는 일등 공신이다. 하지만 사용하는 사람에 따라 불난 집에 바람이 될 수가 있으니 상대의 인격에 해가 되는 언어는 삼가야 한다.

물론 힘들고 고달픈 일상에서 가벼운 농담과 재치는 때와 장소에 따라 필요할 때가 있지만 지나쳐서는 안 될 것이다. 가끔 주위에서 너무 심한 언행으로 여러 사람의 눈살을 찌푸리게 하는 것을 볼 수 있다. 인간은 누구나 평등한 인격체라는 것을 잊어서는 안 된다.

물질문명의 발달에 따라 점점 각박해가는 세상에서 적절한 언어 사용이야말로 무엇보다 중요한 덕목이다. 인간의 위상을 한층 높여주고 윤택하게 해주며 상호 간의 징검다리로 남남이란 인식을 불식시켜 우리라는 울타리를 만들어 훈훈한 정을 나눌 수 있는 여건을 조성해준다.

먼저 자신부터 돌아보며 혹 무의식중에 인격에 거슬리는 언어를 구사하지 않았는지 반성해야 한다. 혹 잘못한 언행이 있었다면 다시는 그와 같은 일이 없도록 해야 할 것이다. 세상에서 가장 소중한 언어를 때와 장소에 걸맞게 적절하게 사용하여 아름다운 삶의 꽃을 활짝 피울 수 있도록 모두 함께 노력해야 한다.

상처와 치유

눈에 보이지 않는 상처가 가장 무섭다.

눈으로 볼 수 있는 것들은 대부분 시간의 흐름에 따라 회복할 수 있다.

그러나 마음의 상처는 좀처럼 회복하기 힘든 경우가 많다.

마음이란 한 인격의 중추신경으로 수많은 갈래와 뿌리가 있으며 작은 실뿌리에 집중된 감각은 사소한 감정에도 예민한 반응을 보인다.

이를 받아들이는 마음은 그 질량에 비례하지 않고 믿음의 깊이에 비례하기 때문에 똑같은 상처에도 천차만별의 결과를 가져다준다.

　고뇌와 미움이 깊을수록 상처는 깊어진다.
　어떤 이는 너털웃음으로, 또 다른 이는 술기운으로 이겨 보려고 고주망태가 되기도 한다.

　이처럼 보이지 않는 상처야말로 인간의 심성을 좀먹고 때에 따라서 두 번 다시 회복할 수 없는 구렁텅이로 밀어 넣기도 한다.
　무심코 휘두른 마음의 칼에는 무서운 맹독이 묻어 있기에 잔인하기 이를 데 없는 흉기가 되는 것이다.

　진실을 외면하고 무시당하는 것을 알았을 때 삼천경락이 역행을 시작하게 되고 결국 돌이킬 수 없는 파경에 이르게 된다.
　따뜻한 관심과 사랑만이 그 상처를 아물게 할 수 있다.

중투호*를 찾아서

 산행이 약속된 아침 눈발이 날렸다. 네 가족이 자연 사랑과 체력 증진 그리고 여가 선영과 정신 건강을 위해 결성한 야생화를 사랑하는 소모임이다. 오늘은 춘란의 변이지를 찾는 것을 목적으로 계곡면에 있는 산으로 달렸다. 진눈깨비가 쏟아져 산행이 어려워 보였지만 목적지에 다다르자 다행히 간간이 진눈깨비가 내리는 정도여서 산에 오르기로 하였다.
 임도를 따라 산 중턱에 차를 세우고 빵 한 개씩 주머니에 담고 각자 골짜기를 선택해 온 신경을 한 곳에 집중시켰다. 벌써 많은 사람이 지나갔는지 여기저기 덤불이 파헤쳐지고 뿌리째 뽑혀 있는 난도 눈에 띄었다. 정성스레 심어주었다. 무분별한 채취로 점점 고갈되어가는 춘난의 생태계를 목격하고 보니 오목가슴이 아려왔다.

험한 산 구석까지 사람의 발길이 닿지 않은 곳이 없었다. 오늘도 산에서 두 팀의 난 동우회를 만났는데 난 마니아의 눈빛은 우리와 사뭇 달랐다. 이렇게 산을 찾는 인구가 급증하면서 여기저기 훼손된 자연경관과 아무렇게나 버려진 쓰레기가 눈살을 찌푸리게 하였다. 산은 우리가 지켜야 할 소중한 자원의 보고이며 동반자다. 따라서 취미생활을 뛰어넘는 무책임한 행동은 자제해야 하며 부득이할 경우 그 피해를 최소화하도록 모두가 노력해주었으면 좋겠다.

또다시 심한 눈보라가 앞을 막아서자 잠시 수풀 뒤에 몸을 의지했다. 하늘을 보니 온통 눈 눈 눈, 그 외에는 아무것도 보이지 않았다. 일행의 안부가 궁금해 휴대전화로 통화를 시도했으나 산중이어서인지 소통되지 않았다. 결국 포기하고 눈발이 잠잠해지길 기다렸다. 다시 큰 소리로 일행을 불렀다. 바람 소리만 쟁쟁하였다.

다급한 마음에 산골짜기를 타고 급히 내려오는데 뭔가 발목을 붙잡았다. 휘청, 가까스로 몸의 중심을 잡았다.

하마터면 발목이 부러질 뻔하였다. 눈보라와 가시덤불 그리고 조급한 마음에 산짐승을 겨냥한 올무에 걸려든 것이다. 사람이나 산짐승이나 목숨이 소중한 것은 마찬가지인데 만물의 영장인 인간으로서 여간 부끄러운 일이 아닐 수 없었다. 자칫 했으면 내게 상처를 입혔을 올무를 제거하며 스스로 마음을 정립할 수 있었다.

이번 산행은 비록 빈손으로 왔지만, 인간이 지켜야 할 도덕과 양심을 가슴 깊이 각인하였으니 중투호 못지않은 소득이었다.

* 꽃잎이나 잎 가운데에 무늬가 나타나는 난초.

황산의 노래

 인간·자연·공룡이 어우러진 아름다운 고장 황산면은 우리나라 최남단 서남해안 해남군의 북서부에 자리한다. 동서가 35km, 남북이 3~7km, 해안선 길이 132km에 이르는 화원반도의 첫머리에 있다. 동쪽으로는 산이면과 마산면, 서쪽으로는 문내면과 이웃하고 북쪽으로는 0.7km의 수로를 낀 금호호가 닿아 있으며, 남쪽으로는 해남만을 끼고 진도의 고군면과 마주 보고 있다.

 찬란한 태양이 황산의 희망찬 하루를 여는 동쪽 이목

마을 흰재에서 남으로 발걸음을 움직이니 웅크린 호랑이가 금방이라도 뛰쳐나올 듯한 일신의 성산(聲山, 맹호출림형 길지)이 나타난다. 봉의 정수리에서 내려다보이는 고천암(庫千岩)은 5천 개의 창고가 설 곳이라 하여 이름 지어진 천혜의 땅이다. 이곳의 청정 쌀은 하늘과 땅의 정기 그리고 농부의 정성이 깃들어진 황산의 근원이다. 55만 평의 갈대숲과 붉게 물든 석양, 겨울 철새들의 군무는 황홀경 그 자체다.

서쪽으로 발길을 옮기면 그 옛날 불가마의 곳집(화염)에 염부의 고된 삶이 묻어 있고 학동 염소를 상견하게 된다. 뒤편의 성스러운 땅 원호 국사봉은 생명을 잉태하는 본초로 그 옛날 천신제(天神祭)를 지낸 곳이다. 교동 옥녀봉으로 내려와 송호명당골로 돌아갔으니 천인은 고인돌 아래 천수를 다하였구나.

들문에 들어서 남쪽으로 향하면 천지개벽 후 일어선 만년동 독바우가 수많은 세월을 웅크리고 앉아 만년의 아침을 위한 목청을 가다듬는다. 호동 둥둥뫼에 올라 보니 도란도란 하늘과 바위와 구름과 바람의 다정한 대화를 동경하는 끊기지 않는 발걸음들.

다시 남쪽으로 한자리 아스라한 그 시절 바다에 떠 있는 자라 5형제가 오손도손 지켜온 우애, 수억 년 세월의 파도가 만든 징의도 푸른 바다와 조화를 이룬 해식절벽은 조물주가 빚은 경물의 극치를 자랑한다.

뒤돌아 서북으로 신정 만호염전에 이르면 태양이 빚어낸 미백의 아름다운 조각들이 저마다 행복한 미소로 반겨 맞이하고, 산소리의 별도(鼈島)는 목마른 거북이 대해를 향하는 야심찬 꿈으로 수많은 나날 다부진 각오를 다진다. 염솟등과 고막널이 그리고 남일염전과 목포염전은 새롭게 도약하는 신흥이 탄생케 하였구나.

희망과 소망으로 잉태한 한아 망들을 돌아서 가라말을 휘몰아 남리역사에 도착한 목마른 전령은 관샘을 찾아 한 사발의 물로 심신을 달래고, 손이 없는 아낙의 정성에 감읍하여 스스로 영험을 보여준다는 연당미륵과 덕암복바우, 신비로운 땅이 경이로운 하늘을 품는 초월의 월출은 돌부처가 돌아앉을 만큼 아름다우니 황산의 희망이요 자랑이며, 산내음 풀내음 마음껏 들이쉬는 소정전각은 하늘과 땅 사이 자연과 하나되는 무릉도원으로 만산홍엽(滿山紅葉)을 이루는 자연의 변화를 감상하고 시(詩)를 지으며 그 아름다움을 노래했다.

6·25의 아픔을 간직한 조 할머니와 애틋한 정을 잊지 못하는 신곡을 지나 물 위에 연꽃이 피어 있는 듯한 연화

부수의 부곡은 고풍스런 마을 정취와 호젓한 풍치를 자아 낸다. 호남의 웅산 외입 갓바우산은 그 정기를 이어받게 하였으며, 곧은 절개의 소나무 숲과 만병을 치유하는 신비의 충신터의 철철 넘치는 생명수 한 그릇에 찌들었던 마음을 씻고 송청에 다다른다. 청룡이 즐겨 찾는 청룡골에 거대한 힘의 원천수가 철철 넘쳐 흐르니, 흰옷에 흰갓 쓴 입암석이 벽파진을 바라보며 우수에 젖는구나. 이어진 춘정 비룡바위는 삼별초의 비룡호가 외세에 맞서 충혼의 혼이 서린 곳. 그 의기는 성산(소리산)에 수많은 세월 메아리쳤고, 대자연의 신비를 간직한 경이로운 성산 매바위가 힘찬 비상을 꿈꾼다.

임란 때 충무공이 남장한 아낙네들을 옥동 옥매산(玉埋山)에 보내 부르던 강강술래가 아직도 귓전에 들리 듯하는데, 북쪽으로 길을 재촉하여 옥연에 당도하니 달빛에 아롱거리는 아름다운 명반석의 옥돌공예품들이 마치 살아 있는 듯 꿈틀거리는구나.

삼호 물맛이 천하 으뜸이라는 참샛골의 참샘에 신이 내린 생명수가 퐁퐁 샘솟고, 푸른 물결 넘실대는 오랜 전통의 삼지원나루터는 결코 멸하지 않는 불멸의 땅으로 자리잡았다. 고풍스러움과 멋스러움을 한껏 간직한 평덕고가

가 수백 년 된 아름드리 팽나무 정원을 자랑하며 관춘 서편 마을의 안위를 보필하고 있다.

먹이를 노리는 독수리의 숨겨진 발톱이 전율하는 삼호마을을 지난다. 삼호에서 이거한 만석꾼 김봉선 씨가 이곳 지세를 보고 성만 큰 산의 형국은 학이 춤추고 노니는 무학(舞鶴)이라 일컬었으니 무병장수의 길지가 아닐 수 있으랴!

부랴부랴 당도한 산동 근엄한 도장사 독경 소리에 가슴이 울렁이니 그 시절 아도화상의 자상한 미소가 수많은 세월을 거슬러 뚜렷하게 다가온다. 흐뭇한 마음으로 발길을 옮기면 내산 하늘을 비상하는 고고한 학에 눈길을 빼앗기고, 이내 신성리에 당도한다. 아름다움의 극치를 자랑하는 월강두와 지성을 보이면 아이를 점지해주는 맹낙바우 그리고 귀하디귀한 보물 먹석이 출토된 수지리에는 아직도 가끔 채집광들이 몰려든다.

동쪽으로 자리 잡은 기성마을. 옛적에 이곳에 물이 들면 하늘의 달처럼 물 위에 떠 있었다는 달강섬이 옛날을 그리는 듯 깊은 상념에 젖어 있고, 삼성동 절두산에 장고하는 삼 신선이 억만년 미래를 가늠하는 바둑 삼매경에 세월을 잊고, 눈 감으면 떠오르는 큰 산 금 뫼 땅속 깊숙한 곳에 호화찬란한 금맥이 광명의 그날을 꿈꾼다.

세계적 역사의 중심지로 태고의 신비를 벗기는 우항리 공룡화석지. 한 겹 두 겹 써 내려간 수만 년 역사의 일기장에 천지를 흔드는 발걸음 소리가 둥둥둥 지축을 흔들고, 빛바랜 퇴적암층으로부터 삼라만상이 우르르 몰려나와 북적이니 이를 관람하는 이방인들의 눈빛이 예사롭지 않구나.

남쪽으로 발길을 옮기니 한가로이 수영을 즐기는 오리를 연상케 한 남리 장등은 동학혁명의 집결지였으며, 남리 역사는 오가는 길손들이 노곤한 몸을 쉬어가는 쉼터였는데, 오늘도 인산인해를 이루며 21세기 새로운 역사의 중심지로 발돋움하고 있다.

남리와 어깨를 나란히 하는 황산의 요람 시등은 정승판서를 배출한다는 황산 최고의 복지터를 중심으로 황산 제일의 상권을 확보하여 물류의 중심지로 군림해오고 있으며, 포효하는 호랑이의 장엄한 몸짓, 관두산의 정기를 받고 태어난 인재 양성의 요람으로 관두리의 황산중학교와 황산고등학교가 범의 기질을 이어받아 미래를 향한 힘찬 발걸음을 내딛고 있다.

뒷산의 관음불이 가는 물이 되었고 마을 어귀에 따뜻한 물이 솟는다 하여 불리게 된 지명, 병월마을은 초입에 한 시절 풍미했던 선조들의 코골이가 아쉬운 듯 긴 밤을 지키고, 풋마늘과 월동배추가 겨울나기 준비로 분주한 나날을 보내고 있다.

동북으로는 연자마을이다. 오지 않는 남경 사신을 기다리다 연기도에서 한 많은 생을 마감한 애틋한 여인의 로맨스가 가슴을 뭉클하게 만들고, 오묘한 빛의 파노라마 장인의 얼이 서린 녹청자 마을에 모락모락 해탈을 꿈꾸는 청자의 혼이 푸른 하늘과 쉴 새 없이 교감을 나누니, 해원제 넓은 들녘에 가슴 뿌듯한 황금물결이 넘실거린다.

먹이 사냥의 달인 물찬 제비의 날렵한 지세(형국)로 효자 효부의 고장 연호리. 비만 오면 아이들의 원혼이 가슴을 써늘케 하는 최병골과 원유가 묻혔다는 유산골이 고갈된 에너지의 새 희망으로 다부진 각오를 다지고 있다. 옛날 뒷개에서 돌풍으로 침몰한 토목선이 오랜 잠에서 깨어나 새롭게 형성된 금호에 닻을 올릴 것만 같은 날, 길가의 갓샘에서 목을 축이니 그 옛날 연호서당의 낭랑한 글 읽는 소리가 귓가에 쟁쟁하다.

길을 재촉하여 사철 푸른 소나무의 군락이 흡사 한 마리 청룡을 연상케 하는 청룡마을의 곳곳에 호황을 누리던 그 시절의 흔적이 여기저기 우수를 자아내고, 드넓은 뒷개의 일렁이는 파도에 곱디고운 황혼이 물드니 북구포에 한 척의 목선이 유유하게 닻을 내린다.

　남경 사신이 고개를 넘었던 행차령의 와등에 사냥의 고수 보라매의 날카로운 눈빛이 예사롭지 않지만, 행치포란의 명혈에 옹기종기 둥지를 튼 까투리 가족이 더없이 평화롭구나. 고래등에서 터져 나오는 비갱리 물로 찌들었던 몸과 마음을 시원하게 씻어 내리고, 원님이 쉬어가던 원다루께 돌다리 아래 잠시 몸을 눕히니 낭낭한 선비의 목소리가 귓불을 간질이고, 와막골 불가마에 빗살무늬 기왓장이 고래등 같은 꿈을 꾸네.

　천석꾼 밀양박씨 자자손손 이어온 곳, 원두막골 하우스에 금방울이 주렁주렁, 사람이 지날 때마다 부스럭부스럭 비석등(碑石嶝)에 얽힌 기묘한 야설이 전해오는 곳, 수박골의 달콤한 수박 한 조각으로 기나긴 황산 일주의 대미를 장식한다.

죽음을 기다리는 사람들

 사람이 죽고 사는 것이 과연 하늘의 뜻일까? 의학의 눈부신 발달로 인간은 고령화 시대를 맞고 있다. 물질문명의 발전으로 우리의 생활은 편리해졌지만, 그 부작용은 이루 말할 수 없다.

 세계 각처의 공장과 자동차 배기가스는 날로 늘어나 인간의 목숨을 위협하기에 이르렀다. 산업재해로 인해 수많은 사람이 목숨을 잃고 있다. 죽음은 남녀노소는 물론 때와 장소를 가리지 않는다.

 얼마 전 딸아이가 갑자기 아파 해남종합병원 응급실에

간 적이 있었다. 야심한 시간인데도 당직 의사와 간호사가 쉴 틈 없이 환자를 돌보고 있었다. 검은 장삼의 이방인이 그곳을 배회하며 여차하면 저승으로 데려가겠노라 눈이 벌개 있는 듯했다.

칙칙한 어둠의 나라에서 오늘 밤도 누군가 소리 없이 끌려가고 있다. 생사의 갈림길에 우르르 쏟아지는 별들의 원맨쇼. 순간의 선택에 울고 웃는 응급실은 이 순간에도 덧없는 삶의 줄다리기가 한창이다.

그날 밤 쌕쌕거리는 앰뷸런스의 숨소리가 심상치 않았다. 누군가 야음을 틈타 인생 여정의 숨바꼭질이 시작된 모양이다. 백의의 술래가 헐레벌떡 뛰어나간다. 비상벨이 울리고 얼마 후 대기 중인 의사가 달려와 환자의 상태를 확인하여 응급조치 후 동행한 간호사에게 무엇인가 지시를 내린다. 환자의 팔뚝에 꽂힌 링거를 통해 몇 대의 주사를 투입하더니 산소 호흡기를 착용시킨다. 미약한 맥박을 달래며 그의 영혼은 기약 없는 여행을 시작했다.

죽음은 과연 공포를 동반할까? 갑작스런 죽음의 문턱은 엄청난 공포를 동반할 것 같지만, 오랜 시간 병상에 투병 중인 사람들은 의외로 담담했다. 비록 꿈은 사라졌지만 부질없는 탐욕 또한 초월하여 무여열반(無餘涅槃)에 들었다. 어쩌면 그들과 진지한 대화가 가능하리라. 그들은 마음 깊이 감추었던 작은 것 하나까지 아낌없이 내어줄 수 있는 준비가 되어 있을지 모른다.

죽음을 기다리는 순간은 한 삶의 대미를 장식하는 마지막 관문이다. 어떤 경로를 통해 살아왔던지 한 생명의 종착역에 안착했음이 아니던가. 지금까지 걸어온 인생의 길을 답습하며 나름대로 점수를 매겼다.

때로는 후회의 눈물을, 때로는 입가에 미소를 지어 보이며, 기나긴 인생의 여로에 너무나도 느긋한 모습으로 삶의 대미를 장식한다. 죽음을 기다리는 바로 그 순간이 어쩌면 모든 것을 해탈한, 인생 중 가장 인간답고 행복한 순간이 아닐까.

상상의 한계를 뛰어넘어라

시위를 떠난 화살처럼 거침없는 시간의 품에서 우리는 무엇을 보고 느끼며 추구하는 것일까요.

저 광활한 우주와 끝없이 펼쳐진 무한대의 공간 같지만, 우리에게 주어진 시간은 그리 많지 않습니다.

귀한 인연으로 주어진 한 생명의 주인으로서 부끄럼이 없도록 공명정대하고 당당하게 살아가지만 가끔은 부족한 듯 모르는 듯 속아주고 참아주는 것이 도의적이고 합리적

일 때가 있습니다.

타의 모범이 되는 것은 물론 자신을 낮추며 더불어 살아갈 수 있도록 배려하는 미덕이 어느 때보다 절실할 때입니다.

어떻게 하면 보다 인간다운 모습으로 자신의 세계를 펼치며 점점 사그라져가는 인성을 깨울 수 있을까 고민하고 실천할 때입니다.

다행스럽게도 우리는 언어라는 유일무이한 보물을 가지고 있습니다.
이를 잘 지키며 갈고 닦아 삶의 질은 물론 우리의 정서 함양에 이바지하며 자랑스럽게 후손에게 물려줄 수 있어야 합니다.

『시아문학』은 이에 부응하여 독자의 곁으로 더욱 가깝게 다가서기 위하여 각고의 노력을 기울이고 있습니다.

주어진 환경에 적응하면서 편의주의 나태주의에 물들지 않고 끝이 없이 살피고 다듬어 문학이 살아 숨 쉬는 내

일을 추구하고 있습니다.

　어린아이를 보살피듯 세심한 주의와 노력이 필요할 시점입니다.
　문학은 우리의 삶의 질을 한 차원 높게 업그레이드할 수 있는 무한한 커뮤니케이션입니다.

　상상의 한계를 뛰어넘는 장족의 발전을 이룰 수 있도록 힘과 지혜를 모아 다 함께 노력합시다.

진주 영호남 교류전 후기

 맑은 햇살이 눈부신 아침, 하우스로 달려가 비닐 터널을 걷고 커튼을 열고 여기저기 통풍을 하였다. 벌써 9시, 집으로 달려와 머리를 감고 샤워하고 부랴부랴 이춘식 시인과 약속 장소로 달렸다. 아! 다행히 아직 늦지 않았구나! 얼마 후 도착한 이춘식 시인을 모시고 출발하였다.

 어제 이상석 시인과 통화를 했는데 산불방제 작업을 갔다가 밤늦게 오셨다고 하였다. 하필이면 25일이 계모임 유사여서 참석할 수 없다시며 아쉬운 마음을 전하고 여러 가지 당부 말씀을 잊지 않으셨다.

암에 좋다고 문우 분이 부탁한 토마토를 사기 위해 농장에 들러 아침에 갓 수확한 최상품으로 두 박스 골라 차에 싣고, 성전 강진 장흥 보성 벌교 순천 광양을 지나 섬진강 휴게소에서 점심을 마치고 하동을 경유하여 매화마을로 기수를 돌렸다. 차에는 여느 때와 달리 아내와 아들이 타고 있었다. 매화꽃 피면 꼭 한번 구경 가자는 아내와의 약속 때문이었다.

정오를 지나 하동읍에 다다르니 길게 늘어선 차량 행렬로 좀처럼 나아갈 수 없었다. 마침 토요일이라 행락 인파가 꼬리를 물고 이어진 것이다. 진퇴양난, 아쉬움을 접고 차를 돌려 하동읍을 가로질러 진주로 향했다. 산어귀에 만발한 매화를 그냥 지나칠 수 없어서 차를 세우고 기념 촬영을 했다. "우리 매화 마을에 온 거다."하며 해맑게 웃었다.

"매실 밭으로 들어가 매화 가지를 붙들고 포즈를 취해 보세요!" 이춘식 시인의 권유로 모두들 매화 밭으로 들어갔다. 먼저 피었던 매화가 꽃샘추위로 시들어 있어 가슴이 아팠다. 여기저기서 아픔을 딛고 맑게 피워올린 하얀 천사들의 해맑은 웃음소리가 들려왔다.

국도를 따라 진주로 다시 길을 재촉했다. 차는 구불구불 능선을 오르며 가쁜 숨을 몰아쉬었지만 굽이굽이 펼쳐진 신의 작품에 감탄을 연발하였다.

드디어 아름다운 진양호반에 도착했다. 행락객들이 삼삼오오 즐거운 시간을 보내고 있었다. 수문을 통해 흘러나오는 맑고 고운 영혼들, 참사랑의 꿈을 안고 저 넓은 세상으로 머나먼 여정을 준비하며 우렁찬 함성과 함께 우르르 몰려나오고 있었다.

영남의 수석 부회장이신 배성근 시인으로부터 전화가 왔다. 서진주 톨게이트로 나와서 남강 강변도로를 타고 진주성 앞 다리를 건너라고 했다. 그곳에서 기다리고 있다고 했다. 갑을가든을 향한 힘찬 레이스, 시원한 강바람이 우리를 반겼다.

진주성 북문에 이르렀으나 갑을가든을 발견하지 못했다. 진주성을 한 바퀴 빙 돌고 나서 다리 위에 이르렀을 때 "저기 있어요!" 병승이 엄마가 소리쳤다.

갑을가든에 들어서자마자 2층을 향한 발걸음이 빨라졌다. 그리웠던 얼굴들, 반겨 잡은 손아귀에 따뜻한 정이 흐르고 초롱초롱한 눈빛은 불을 뿜었다.

박방현 고문님의 인사 말씀에 이어 청중을 사로잡는 시 낭송에 아낌없는 박수로 격려하며 화기애애한 분위기가 연출되었다. 한 분 한 분 인사 소개, 특유의 재간으로 행사를 진행하시는 정재수 시인, 동영상 촬영으로 수고하시는 배성근 시인, 좋은 사진을 얻기 위해 동분서주하는 도승열 시인, 너무나 아름다운 광경에 새삼 얼굴이 붉어졌다.

그런데 사제(師弟)이신 윤주희 시인이 보이지 않았다. 아까 상면할 때 멀미를 많이 했다고 했는데 노파심에 밖으로 나와 보니 옆방에서 혼자 끙끙 앓고 있었다. 너무나 안쓰럽고 애처로워 병원을 권유하였으나 곽송자 시인과 화장실에 다녀와 조금 진정됐다고 하면서 사양하셨다.

다시 얼마나 시간이 흘렀을까. 누군가 밖에서 손짓하여 나가 보니 윤주희 시인이 가쁜 숨을 몰아쉬며 병원을 가야 할 것 같다고 했다. 백지장처럼 하얗게 변한 얼굴에 지친 모습이 역력했다. 벌써 종업원을 통해 택시를 불러놓고 있었다. 윤 시인은 혼자서 다녀오겠다고 하였으나 금방이라도 쓰러질 듯해 동행하지 않을 수 없었다.

진주복음병원 응급실에 들어온 윤 시인은 병상을 붙잡고 엎드렸다. 접수가 끝나고 멀미에 위경련인 것 같다고 진정제를 먹었지만 고통은 멈추지 않았다. 그런 와중에도 자기 걱정 말고 행사장으로 돌아가라고 하셨다.

"알았어요. 가서 말씀드릴게요. 가실 때 병원에 들러 시인님 모시고 가라고요."

얼마나 시간이 흘렀을까. 윤 시인이 양해를 구해 행사

장에 돌아와 보니 열띤 토론이 진행 중이었다. 한울문학을 위한 우리들의 마음가짐과 앞으로 나아가야 할 올바른 길을 모색하고 있었다.

행사는 웃음으로 마무리됐다. 일부 시인들은 먼저 가고 노래방을 향하여 출발할 무렵, 내 얼굴이 이상하게 굳어지고 열이 올라 만져 보니 음식 탓인지 급성 알래르기가 발기하고 있었다. 마음이 급해졌다. 몇몇 시인과 작별을 하고 윤 시인의 근황을 설명했지만, 다들 노래방으로 가기에 급급했다. 마음이 아팠다.

우리 일행인 애기 엄마와 이춘식 시인과 함께 복음병원으로 향했다. 겨우 길을 찾아 들어가니 화끈거리고 열이 올랐다. 부랴부랴 접수하고 근황을 설명했다. 간호원이 근육주사 한 방을 놓고 혈관 주사를 시도했으나 벌써 혈관이 숨어버려 몇 군데 바늘에 찔리는 수난을 겪었다.

침상에 누웠다. 그것도 방금 내가 입원시켰던 윤 시인 바로 옆 병상에. 이게 무슨 운명의 장난인가. 두 얼굴의 헐크로 변해가는 자신을 느끼며 의식이 흐려졌다.

눈을 떠 보니, 부산에서 함께 온 시인이 출발한다는 전화를 받고 윤 시인은 택시를 타고 갑을가든 주차장으로 떠난다고 했다. 이춘식 시인과 애기 엄마가 배웅을 하고 나는 병원 응급실에 홀로 남겨졌다. 그러나 한 시간 이상 지나도 호전 기미가 없어 다시 링거와 약을 투여받았다.

밖에서는 이춘식 시인이 발을 동동 구르고 계셔서 마음이 불안해 일어나 수십 번 눈을 떠 보았으나 앞이 잘 보이지 않았다.

어느덧 밤 11시. 화장실에 가고 싶어 일어나 더듬거리며 다녀와 기다리고 있는 이춘식 시인께 죄송한 마음을 전하니 걱정하지 말라고 했다. "어떻게든 정신을 차려야 한다!" 자기 최면을 걸면서 시원한 매실 음료를 마셨다.

"자 이제 갑시다."

마음의 결정을 내릴 무렵 응급실에는 더 이상 환자가 없었다.

이를 악물고 무작정 큰 도로로 나왔다 서진주 이정표를 보고 달리자 얼마 안 가서 고속도로에 진입했다. 중간에 졸음이 왔지만 꾹 참고 또 참았다. 차가 중앙선을 넘나들어 갓길에 주차하고 잠시 눈을 감았으나 마음이 참참해졌다. 이렇게 힘들게 가야 하는 문인의 길이라니.

다시 마음을 가다듬어 해남을 향하여 발길을 재촉했다. 단 한 번도 막힘없이 달렸으나 밤 두 시를 넘겨 겨우 해남에 도착하였다.

윤선도와의 인연

토마토 선별을 하고 있을 때 핸드폰이 울렸다. 경기대학교 이재식 교수였다. "내가 지금 은사님이신 성균관대학 강우식 교수와 해남에 내려가고 있는데 오늘 바쁘신가?" "네, 토마토 출하기라 무척 바쁩니다." "줄 게 있는데 이순자 여사께 맡겨 두겠네." 저녁 6시, 일이 끝나고 전화를 드렸더니 빨리 오라고 독촉하였다.

샤워를 마치고 달려가니 이순자 여사가 팥죽을 써와 이재식 교수, 강우식 은사님 그리고 몇몇 문우들이 함께 술잔을 기울이며 담소를 나누고 있었다. 칠순이 넘으실 것 같은 강우식 교수와 문인들은 김정자 화백의 작품을 두고 열띤 논쟁을 벌였다. 국내외 유명 화가들의 독특한 개성과 색깔론에 대한 말씀에 귀를 기울였다. 팥죽 한 그릇씩 먹고 술잔이 오가는 동안 강우식 교수의 지난 시절 이야기가 뭍 사람들의 귀를 빼앗았다.

강 교수는 강원도 주문진 수산고등학교를 졸업하였으며 재학 당시 문제 학생으로 연속 정학이란 초유의 기록을 세웠다고 한다. 퇴학을 면하고자 뒤뜰에 있는 철조망 사이 개구멍을 통해 아버님을 모시고 갔던 일화를 말씀하여 방 안이 온통 웃음바다가 되기도 했다.

동기 동창인 아내와의 결혼생활을 하늘과 땅으로 비유하며 이야기를 너무나 재미나게 엮어가셨다. 집을 담보로 한 도박꾼 강우식. 사흘 밤낮을 죽치고 앉아 가진 것을 모두 탕진하고 달러 돈을 쓰고 있는데, 만삭이 된 아내가 남편이 외도한 것으로 오해하여 도박 현장을 찾아오기도 했단다.

서울에서 한때 주먹 자랑도 하셨다는 말씀에서는 시인이란 풍부한 감성과 더불어 다양한 끼를 가지고 있어야 하며 파란만장한 경험을 바탕으로 문학을 완성할 수 있다는 깨달음을 얻을 수 있었다.

치열한 당쟁으로 일생을 거의 벽지의 유배지에서 보냈

으나 경사에 해박하고 의약, 복소, 음양, 지리에 통달했으며 특히 시조에 뛰어나 정철의 가사와 더불어 조선 시가에서 쌍벽을 이루었던 고산 윤선도의 유적지인 녹우당 뒤편 솔숲 민박집에 여장을 풀었다.

다시 술잔을 주고받으며 문학의 목적과 문인의 올바른 마음가짐 등을 논하는 가운데 밤은 점점 깊어갔다. 잠시 밖에 나갔던 한국교육개선 연구원인 백형남 선생이 담금주 한 병을 들고왔다. 우리는 부작용 없는 천연 비아그라 야관문에 얽힌 이야기와 함께 야관문 담금주를 들이켜며 웃음바다를 이루었다.

이재식 교수가 여행용 가방에서 시집 한 권을 꺼내어 강우식 교수님께 사인을 부탁했다. 그 책은 2004년 발간한 강우식 시인의 시집이었고 책머리에 '오형록 시인께 저자'라고 쓰여 있었다. 이재식 교수는 자신의 은사님 시집을 내밀며 탐독하면 많은 도움이 될 거라고 했다.

얼마 후 아동문학가이자 서울시립 시민대학 강사인 윤기현 선생이 찾아왔다. 100만 부가 팔렸다는 윤 선생의 작품과 동화에 대한 토론이 이어졌다. 선후배 문우들은 김정자 화백과 연계 가능성도 타진하며 고향 문인끼리 상부상조할 것을 당부하였다.

이때 마침 해남에 내려온 시사신문사 사장 윤재걸 교수

와 통화가 이루어지고 윤 교수는 강우식 교수를 알현하고자 숙소로 찾아왔다. 현재 고산문학축전 운영위원장인 이재식 교수와 고산문학축전 자문위원인 내가 소개되고, 윤씨 종친인 윤재걸 교수와 고산문학축전에 대한 이야기가 오갔다.

고산문학축전의 행사비용을 종친에서 일부 부담하고 종친은 문학상 심사에 개입하지 않아야 한다는 뜻을 밝혔다. 덕담을 주고받던 윤재걸 교수는 일행이 기다리고 있다며 다음을 기약했다.

시간은 벌써 새벽으로 달리고 있었다. 우리는 아쉬움을 달래며 일어났다. 다들 내일 함께할 보길도 여행에 들떠 있었지만 나는 사정이 달랐다. 아직 보길도를 가 보지 못해 꼭 가 보고 싶었는데, 일상이 허락지 않으니 아쉬운 마음을 달랠 길이 없었다.

교수님 죄송합니다. 목구멍이 포도청이니 어찌하겠습니까? 녹우당을 뒤로하는 차창에 풍류를 즐기는 윤선도의 모습이 연상되고 「어부사시사(漁父四時詞)」의 구절들이 귓불을 간질이고 있었다. 그 아쉬움을 어떻게 알았는지 대둔산 휘돌던 한 줄기 청정한 바람이 심신을 사로잡았다.

시화전을 마무리하며

　시아문학회 시화전. 영랑생가에서 50일간의 시화전시를 마무리하는 날, 종일 오락가락하던 보슬비가 저녁 7시를 지나며 서서히 그치기 시작했다.
　내일은 회원들 다수가 철거작업을 하기로 되어 있는데, 내가 함께할 수 없어서 내내 마음에 걸렸다. 방울토마토 출하기를 맞이하여 동네 숙모님들과 함께 작업하기로 되어 있었다. 배달까지 마치고 나면 밤 11시를 넘겨야 할 듯싶었다.
　공판장을 다녀오는 밤 9시, 용감하게 강진으로 방향을

틀었다. 트럭은 삐걱거리며 성전 톨게이트를 지나고 있었다. 감기 몸살 등 과로가 겹쳐 있어서 그랬는지 안갯속을 달리는 몽롱한 기분이었지만 개의치 않고 질주하였다.

어떻게 알았는지 선생님 한 분이 전화를 하셨는데 늦은 시간이라 부담을 드릴까 염려스러워 받지 않았다. 영랑생가 앞, 차에서 내리기도 전에 온몸은 땀으로 범벅이 되어 있었다. 희미한 가로등과 어우러진 시화는 아름다움의 극치를 이루고 있었다. 진초록 담쟁이덩굴을 끌어안은 돌담의 품에 안겨 있는 시화들이 달콤한 잠꼬대를 하는 듯 평화롭다 못해 경이롭기까지 했다.

시화전 마지막 날, 돌담을 놀이터 삼은 담쟁이덩굴과 시화들의 눈시울이 촉촉했다. 그동안 정이 들었는지 가로등도 울먹이는 영랑생가 뜰앞, 간간이 불어오는 바람이 눈시울을 닦아주었다. 가슴 가슴마다 새겨놓은 시어들이 나지막하게 속삭이는 밤이 동화 속의 한 장면처럼 잔잔한 감동을 불러일으켰다.

이슬비가 멈추고 바람이 불어 티셔츠 하나만 입고 일하기에는 너무 추웠지만, 시화는 고슬고슬 말라 있었기에 조심스럽게 떼어 차 안에 가지런히 쌓기 시작했다. 혼자서 하다 보니 좀처럼 능률이 오르지 않았고 어느덧 시간은 밤 11시를 가리키고 있었다.

금방이라도 시곗바늘이 멈추어 설 것 같은 밤, 희미한 가로등은 유일한 친구, 스치는 바람에 담쟁이 잎사귀 뒤에 숨었던 물방울이 톡 쏘며 쏟아지는 졸음을 쫓는다.

 잠시 숨을 돌릴 겸 강진읍에 거주하는 동생에게 전화했다. "오빠, 고생하지 말고 줄 그대로 걷어 오세요. 아들도 집에 와 있으니 우리가 도와 드릴게요."

 줄을 지지하던 끈을 자르고 가지런히 모은 다음 차에 실었다. 샘골 동생 집 앞마당에 도착하자 기다렸다는 듯 동생과 조카가 나와 반겨주었다. 거실에 시화를 옮기고 빙 둘러앉아 매듭을 자르고 접힌 곳이 없도록 가지런하게 쌓기 시작했다.

 좋아라, 아이 좋아라, 정겨운 얼굴이 있어 좋고 말동무가 있어 더욱 좋아라. 비가 그치고 맑고 깨끗한 세상. 사랑이란 게 별것이더냐. 환한 미소와 믿음이 있으니 마음 놓고 주고받는 덕담에 인생의 향기 흘러넘쳐라.

 작업을 마친 시화들이 약간 눅눅한 것 같아 십여 점씩 모아 거실에 펼쳐 말리기로 하였다. 자정 무렵 조카에게 뒷일을 부탁하며 약간의 용돈을 쥐여주고, 시장하다며 밥상을 차리는 동생을 만류하고는 자리에서 일어섰다.

 졸음으로 트럭이 순간순간 중앙선을 넘나들었다. 창문을 열고 졸음이란 놈에게 찬바람 세례를 퍼부었다.

새벽 1시, 나만의 안식처에 도착하여 훌훌 벗어던지고 큰 대자로 열반을 기웃거렸다. 소중한 사람들의 얼굴이 스쳐 지나고 오늘의 작은 정성이 모두에게 기쁨으로 돌아갈 수 있기를 소망하며 꿈속으로 빨려들었다.

인연과 약속

2013년 8월, 여름 시아문학회 동인들은 조도로 여름캠프를 갔다.

낚시를 왔다가 조도의 수려한 풍광에 매료되어 이곳에 정착을 결심하였다는 김혜자 시인 부부는 당시 작은 오두막을 매입하여 날마다 허물어진 담을 쌓고 창문을 보수하고 담장을 쌓아올리며 신기리 주민들과 소통의 디딤돌을 마련하느라 정신이 없는 상황에서 시아문학회 동인들을 시종 백옥 같은 미소로 맞아주었다.

여름캠프는 김혜자 동인의 초청 형식이었지만 동인들

이 솔선수범하여 올망졸망 먹거리를 준비하였다. 서울 광주 등 먼 길을 달려와주신 선생님들과 음유가수 이국환 선생님의 통기타와 하모니카 연주, 동인들의 합창과 장기자랑으로 하조도캠프는 뜨겁게 달아올랐다.

조도캠프에 초청해준 감사의 마음을 담아 선물로 기획한 김혜자 시인의 시화 「큰솔과 바람」은 현지 사정으로 도착이 지연되어 캠프가 끝난 1주일 후에야 도착했다.

"김혜자 시인님. 시간 날 때 직접 가져다드릴게요. 혹시 시인님이 해남 오시면 들러주세요."

그날의 약속은 이런저런 핑계로 지켜지지 못했다. 잡다한 하우스 일과 대학생 뒷바라지며 문학 활동 등으로 짬을 내지 못했다. 그러다가 하조도의 약속을 떠올린 2015년 초여름 어느 날, 오이를 따던 우리 부부는 이른 아침인데도 여느 때보다 땀으로 흠뻑 젖어 있었다.

여기저기 무화과가 익어가고 있었지만, 무농약을 고집한 덕분에 품질은 좋지 않았다. 마침 오이 품질과 수량이 급감하여 오이 생산을 끝내기로 하였다. "자칫하면 너무 뜨거워 통닭구이가 될 것 같으니 하우스에서 탈출해야 할 것 같소, 그동안 미루어 왔던 하조도를 다녀오는 게 어떻겠소?"

우리는 서둘러 작업을 끝냈다. 오전 10시 30분 샤워를 한 뒤 새벽에 수확한 무화과와 오이를 차에 실었다. 진도읍까지 시원하게 뚫린 도로를 달리며 우리 세 식구는 푸르른 자연을 만끽하며 오랜만에 싱그러운 공기를 마음껏 마셨다. 이동하는 동안 김혜자 시인께 몇 차례 전화했지만 연결이 되지 않아서 문자와 카카오톡에 하조도 방문 사실을 남겼다.

진도항(팽목항)에 도착하니 11시 40분, 종종걸음으로 여객선 대합실에 들어왔고 어느새 12시 10분 창유행(하조도) 표를 쥐고 있었다. 점심시간이 어중간하여 하조도 창유항에서 해결하기로 했다.

우리는 배에서 가장 높은 곳으로 올라가 장엄한 바다와 대화를 시작하였다. 바다는 수많은 먹거리가 자라고 있는 거대한 텃밭이었다. 하늘과 바다와 섬, 삼 초록의 멋들어진 조화에 감탄하며 하얀 구름과 갈매기의 날개를 좇기도 하며 쉴 새 없이 달려오는 파도를 향하여 외쳤다.

"고맙다. 이렇게 반겨주어서." 인연은 이렇게 수많은 사연을 잉태하며 삶을 보람으로 승화하는 짜릿한 요술 주머니다.

창유항에 도착하여 두리번거리니 횟집 하나가 눈에 띄

었다. 70년대 건물로 추측되는 유리창에 라면이라는 붉은 글씨가 구미를 당겼다. 문을 두드리자 팔순의 할머니 한 분이 문을 열었다. "할머니! 라면 좀 먹을 수 있을까요?" 아내의 물음에 할머니는 어서 오라고 손짓하였다.

라면을 끓이는 동안 할머니와 이런저런 얘기를 나누었다. 할머니는 60여 년 전 나의 고향 현산면 백포에 살았던 적이 있다고 하셨다. 엉거주춤 허리를 겨우 가누던 할머니와 '고향'이라는 공감대로 마치 한 가족처럼 정담을 나누기에 이르렀다.

계산을 끝내고 돌아설 무렵, 할머니는 포도 한 송이를 막내아들에게 건네셨다. 조도에서는 도리산 전망대가 최고라며 최근 완성되었다는 해변 도로를 가리키셨다.

꾸벅 할머님께 인사를 건네고 천천히 달리기 시작했다. 할머니는 차가 보이지 않을 때까지 손을 흔들고 계셨다. 해변을 달리는 눈시울에 잠시 물안개가 서렸지만 아름다운 조도의 풍광과 함께 할머니의 모습은 수평선 너머로 사라져갔다.

따뜻한 말 한마디에 가슴을 활짝 열고 가족처럼 대해주신 할머니와의 귀한 인연에 감사하며 마음속으로 기도하였다. "할머니, 언제나 웃음 잃지 마시고 건강하세요."

할머님의 안녕과 건강을 기원하며 하조도와 상조도를 연결한 조도대교를 건너 구불구불한 도로를 얼마나 달렸을까. 하늘과 바다를 아우르는 최고의 걸작이 나타났다.

굽이굽이 급경사로 이어진 도리산을 오르며 급변하는 상조도의 풍광을 꾸러미로 거머쥐었다. 감탄이 절로 나왔다. 언젠가 노고단을 올랐을 때 발아래 펼쳐진 산들을 바라보며 느꼈던 그 감동을 초월했다. 전신의 모든 감각 기관들은 도리산 아래 펼쳐진 다도해의 비경에 어쩔 줄 몰랐다. 정상을 빙 둘러 설치된 목조 전망대를 따라 한치도 눈을 돌릴 수 없는 다도해는 하늘과 바다와 섬, 솜사탕 같은 구름과 고추잠자리, 수평선을 울타리로 실로 장관을 이루었다. 귀한 인연이 쉴 새 없이 밀려드는 파도처럼 가슴을 속속 파고들었다.

"시인님 전화하셨나요?"

일요일이라 예배 중 전화가 울렸고 점심 후 설거지 봉사를 한 김혜자 시인이 이제 폰을 확인했다며 연락이 왔다. 서둘러 도리산 인근 촬영을 마치고 창유 언덕 하조도 등대 입구에서 김혜자 시인과 합류하여 나리꽃과 원추리가 초록과 비경을 이룬 하조도 등대에 도착하니 앞선 일행들이 정자에 올라 시원한 갯바람을 온몸으로 맞으며 담소를 나누고 있었다.

"어서 오세요." "어디서 오셨는가요?" 서로 인사를 나누고 나니 멀리 작은 섬들과 등대 아래 갯바위 언덕에 원추리와 나리꽃이 장관을 이루고 있었다. 2년 전 시아문학 여름캠프 때 감동적인 원형 무지개를 떠올리며 한 마리 나비가 되어 너울너울 하조도 등대를 맴돌았다.

얼마 후 교회 차량 봉사를 마친 김혜자 시인 부군께서 도착해 2년 만의 상봉을 기뻐하며 서로 안부를 나누었다. 오후 4시, 우리는 김혜자 시인 부부를 따라 신기마을 자택으로 향했다. 펑퍼짐한 아줌마 엉덩이만 한 마당을 가진 오두막이 바로 김혜자 시인의 집이다. 우리는 시화작품 「큰솔과 바람」과 아침에 수확한 무화과와 오이를 선물로 내놓았다.

정성 가득한 커피와 복숭아를 맛있게 먹고 있을 때 동네 아줌마가 머리를 해 달라며 들어오셨다. 섬 아낙이라고는 믿기지 않을 만큼 유창한 말솜씨로 김혜자 시인 부부에 대한 덕담을 아끼지 않았다. 꿈처럼 마냥 행복할 것 같았던 전원의 삶, 어부의 삶. 얼마나 많은 난관을 헤쳐 왔는지, 얼마나 많이 베풀며 살아왔는지 마을 아주머니를 통해 김혜자 시인의 성실하고 부지런한 삶을 엿볼 수 있었다. 노년을 자연과 더불어 살아오면서 이웃에게 많은 덕을 베풀며 살아가는 김 시인 부부가 한없이 우러러보였다.

　이곳으로 이사와 3년이 지나면 이웃 주민과 동등한 권리를 행사할 수 있다며 해맑은 웃음과 함께 미역 두 봉지와 해변에서 목숨을 걸고 채취한 고가의 자연산 미역 한 가닥을 꺼내왔다. 사골을 고듯이 푹푹 끓이면 조도 특유의 진귀한 맛을 우려낼 수 있다며 차에 실어주었다.

　일요일이라 늦으면 차를 도선할 수 없어서 오후 4시 30분 창유항으로 달렸다. 김 시인 부부는 진도행 배에 오를 때까지 감사와 아쉬움의 눈길을 보냈다.

　이렇게 삶의 무게에 눌렸던 약속은 2년 만에 숨통이 트이고 인연의 소중함과 아름다운 자연을 두루 보고 경험할 수 있게 해주었다. 덤으로 세계에서 가장 아름답다 해도 손색이 없을 도리산 전망대에 오를 수 있는 행운까지.
　단 7시간을 투자하여 이룰 수 있었던 약속을 여태 지키지 못한 자신을 돌아보았다. 가슴 한편을 억누른 부끄러움이 안개 걷히듯 소멸하고 인연과 약속이 우리에게 얼마나 고귀한 선물이며 삶의 원동력이 되는지 몸소 체험하게 되었다. 훗날 다시 할머니의 라면 가게를 찾아오리라 다짐도 했다.

우리는 태어난 순간부터 인연이 시작된다. 존귀한 인연을 아끼고 사랑하는 일은 당연한 것. 엄마, 아빠, 가족, 형제, 이웃과 친구들, 하늘과 땅, 산과 바다, 구름과 바람, 어느 것 하나 소중하지 않은 것은 없다.

사람과 사람 사이에서 소담스럽게 피어나는 인연의 꽃은 얼마나 아름답고 향기로운 것인가? 서로 부대끼고 의지하며 살아가는 과정에서 생겨난 약속이 상호 이해관계를 돈독하게 하거나 돌이킬 수 없는 벼랑에 서게 만들기도 하지만, 끝없는 노력으로 주어진 인연과 약속을 더없이 향기로운 꽃으로 피워 보자.

일본 여행기

 2019년 1월 10일 아침 7시 40분, 김해공항에서 J1960에 탑승하여 여명이 밝아오는 대한해협의 비경을 한눈에 내려다보며 창밖에서 손짓하는 구름과 눈을 맞추다 보니 어느덧 10시, 일본 나리타 공항에 도착했다.

 10시 20분, 신주쿠행 전철에서 창밖을 보니 전통 양식의 건물과 비교적 저층 소형 다가구 건물들이 주류를 이루고 있었다. 오전 11시 8분, 동경을 경유하여 11시 50분, 신주쿠역에 도착했다. 16번 출구에서 환승, 두 정거장을 달려 히가시나카노역에 도착했다. E번 출구 남쪽 계단을 내려올 때 싸늘한 한기가 온몸을 에워쌌다.

　히가시나카노 숙소를 찾아가는 동안 한낮인데도 싸늘한 바람에 한기를 느껴야 했다. 역전 부근 자전거 거치대에는 자전거들이 밀집해 있었고 비교적 한산한 거리에서는 칠순이 넘어 보이는 어르신이 청소를 하고 계셨다.

　거리엔 경차들이 가끔 지나가고 골목 교통수단으로는 자전거를 애용하고 있었다. 거리의 작은 가게나 가정집 앞에는 몇몇 집에 소형 자동차가 세워져 있을 뿐 대부분 자전거가 세워져 있었다. 비교적 좁은 길이었지만 불법주차는 볼 수 없었다. 교통질서 준수와 분수에 맞는 생활이 몸에 밴 듯했다.

　며칠 동안 주요 교통수단은 거미줄처럼 얽혀 있는 지하철이었다. 전철역 안내요원이나 청소원 등 비교적 큰 힘을 쓰는 일이 아니면 대부분 노인이 담당하고 있는 것을 알 수 있었다. 나 자신은 물론 우리의 삶을 돌아보는 소중한 시간이었다.

　우리의 뒷골목은 어떠한가. 주차장을 방불케 할 뿐 아니라 출퇴근 시간이면 막대한 자금을 길거리에 뿌리고 다닌다. 지자체가 출범하면서 자치 지역마다 다투어 ○○축제가 범람하고 있는데 인력의 낭비와 소비를 부추기는 것은 아닐까? 일상에 지친 사람들이 시름을 달래고 생활에 활력을 불어넣는 긍정의 힘도 있겠지만, 지나치게 많은 에너지 낭비라 생각하니 여간 염려스러운 일이 아닐 수 없다.

우리 사회는 급격한 노령화로 팔순의 나이에도 봉고를 타고 작업을 다니기도 하지만, 외국인 노동자들이 급격하게 늘어나 그 자리를 메꾸어가고 있다. 문제는 일이 평생 몸에 밴 최고의 전문가들이 조기 퇴임하여 개인은 물론 국가와 경제에 크나큰 손실이 아닐 수 없다.

도심천 다리를 건너며 내려다본 냇가에 맑은 물이 촐랑대며 흐르고 물고기들이 호젓한 시간을 보내고 있었다. 며느리가 예약한 무인 숙소에 도착했지만 열쇠보관소 퍼즐키를 열기 위해 갖은 지혜를 짜내야 하는 해프닝이 있었다.

작고 앙증맞은 구조의 전통양식이 접목된 숙소에는 소형 냉장고와 가스레인지, 순간온수기 등이 있었고 한 평 남짓한 화장실엔 욕조가 겸비되어 있었다. 검소한 생활을 위한 최소한의 공간이었다.

12시 59분, 콩나물밥과 떡국으로 허기를 때우고 2시에 숙소에서 출발하여 히가시나카노역에서 승차했다. 24번

녹번기역에서 환승하였고 3시에 아키하바라에서 두 번째 환승을 하여 2시 22분 쓰키지역에 도착했다.

1번 출구로 나와 전통 재래시장에 있는 쓰시잔마이 본점에 도착하니 전설적인 참치초밥세트(1인 3,000엔)가 90도로 허리를 굽혀 우리를 맞이했다. "이랏샤이마세 오아이 데기때 우레시이데스." 입구에서 차례를 기다려 나무로 된 계단을 따라 삼층에서 구전으로 듣던 쓰시잔마이 참치초밥세트를 만났다. 솜사탕처럼 사르르 녹아내리는 형용할 수 없는 일곱 개의 맛이 혀끝에서 뇌하수체까지 범람하기 시작했다. 파드닥 있는 힘을 다하여 지느러미를 흔들었다. '세상에 이렇게 감미로운 요리가 존재했던가.' 가는 곳마다 진귀한 비경이 펼쳐지며 온몸을 감싸는 참치의 고향은 더없이 넉넉하고 포근하였다.

신주쿠에서 재래시장을 빙 돌아 사거리, 여행자들이 즐겨 찾는 로손편의점에서 부른 배를 두드리며 롤빵과 닭꼬치를 시식하였다. 5시 4분, 쓰키즈역에서 전철을 타고 긴자역에 내려 A 13번 출구로 나와 긴자이 100년문방구점 11층을 관람했다. 현대 문구의 변천과 화려함에 매료되어 한시도 눈을 뗄 수 없었다. 이토야 문방구 긴자이 110년이 된 문구점. 거듭된 진화의 결정체가 일목요연하게 전시된 곳. 종이로 만든 퍼즐, 다채로운 색상과 기발한 조화가 흥

미진진해서 눈길을 뗄 수 없었다. 10층, 층마다 개성 있는 연출과 진보된 상품으로 혼을 빼앗았다. 쇼핑을 마치면 11층 식물 공장에서 재배한 싱싱한 채소를 맛볼 수 있는 레스토랑이 생글생글 웃고 있다.

  1월 12일. 6시 41분 전철을 타고 7시 6분 신주쿠역에 도착하여 B13번 출구로 나오니 여태까지와 달리 고층 빌딩과 불빛이 어우러져 불야성을 이루고 있었다. 많은 사람이 거리를 활보하고 있었다. 몇 개의 횡단보도를 건너 제법 오래된 듯한 건물에 돈키호테 잡화점이 자리하고 있다.
  오밀조밀한 상품들이 저마다 아름다움을 견주며 자신을 사랑해줄 맘씨 고운 주인을 기다리고 있었다. 휘황한 불빛 사이로 숨바꼭질을 즐기는 겨울바람이 행인의 옷고름을 더듬거리는 신주쿠. 어림잡아 백 살은 되어 보이는 빌딩 속 분단장한 아리따운 잡화들이 바짓가랑이를 잡아당긴다. 싱글이와 벙글이가 되어 전대를 풀어헤치는 가슴 가슴마다 거부할 수 없는 오작교가 놓인다. 재료와 공법은 천차만별이지만 그들이 펼치는 원맨쇼에 견우와 직녀라는 착각에 빠진다.
  10시 히가시나카노역을 출발하여 두 정거장 만에 신주쿠역 14번 서쪽 출구 에스컬레이터를 타고 지상층에 이르러 오다큐 외국인 여행자 서비스센터에서 고속열차 로망스카 하코네 유모키행 1인 10,100원을 주고 10시 55분 티켓을 샀다.

점심은 열차에서 산 로망스카 도시락과 정성 가득한 메모가 빼곡하게 적힌 수제 도시락으로 해결했다. 일본 전통 가옥과 현대문명이 어우러진 시가지를 바라보며 깊은 상념에 잠겼다. 오다큐역에서 하코네유모키행 고속열차에 서둘러 몸을 실었다. 정성스러운 보자기 속 노망스카 모형의 도시락이 움찔움찔 침샘 찬탈을 시작했다.

도시락 장인의 깨알 같은 기도가 하늘에 닿았을까. 허기를 채운 로망스카는 스노보드처럼 미끄러지기 시작했다. 나른한 몸뚱이 뉠 틈도 없이 신들린 스노보드는 공중 삼회전을 하겠다며 억지를 부린다. 하코네 전단을 읽는 속웃음이 파도처럼 귓전에 부서지고 일탈한 나신을 외워 싼 포말이 쉴 새 없이 애정 공세를 펼친다.

하코네유모키역에 12시 25분에 도착했는데 하천을 사이에 두고 유원지 느낌이 진한 숲과 현대문명이 적절하게 조화를 이루고 있었다. 10시 36분 고라행 등산 열차에 몸을 실었다. 열차는 눈 위를 미끄러지듯 산골짜기를 향하여 거침없이 지쳐 들었다. 갑자기 열차의 속도가 떨어져 멈추어 서더니 기관사가 내려 어디론가 발길을 옮기고 있었다.

잠시 기내에 깊은 침묵이 흐르는가 싶더니 기차는 반대 방향으로 움직이기 시작했다. 혹시 고장이 나서 견인하는 건 아닐까? 그러나 이게 어찌 된 일인가. 열차는 서서히 높은 곳을 향해 오르고 있었다. 나중에 알게 된 일이지만 급경사를 무리 없이 오르는 방법으로 몇 번의 갈지자 운행을 하고 있었다.

고라역까지 약 40분을 오르는 동안 몇 번의 정거장을 경유하였고 정류장을 중심으로 숲속의 도시가 발달해 있었다. 그야말로 꿈속에서나 보았을 법한 숲속의 유토피아였다. 1시 23분, 등산 열차는 고라역에 도착하였다. 하코네 유모토역 고라행 티켓을 움켜쥔 파랑새의 가슴 가슴마다 알 수 없는 전율이 흐른다. 굽이굽이 돌고 돌아 이따금 머리와 꼬리가 바뀌는 갈지자의 둔갑술에 반쯤 혼이 나간 채 아스라한 계곡을 주시하는 동공은 수백 번의 일탈을 거듭하며 숲과 문명이 어우러진 정취에 취해버렸다.

541m 고라역까지 오지라는 관념의 벽을 허물고 별장 개념의 꿈동산이 파노라마를 이루고 있었다. 고라역에서 10시 30분 케이블에 탑승했다. 소은장역까지 급경사 곳곳에 정거장을 중심으로 간헐적으로 전원도시가 형성되어 있었다. 소운잔역에서 탑승한 로프웨이에서 뒤돌아 언덕을 내려다보면 소운잔역을 비롯하여 도겐다이역 주변과

건너편 숲이 거대한 도시를 이루고 있는 것을 발견하게 된다.

로프웨이는 끙끙거리며 곳곳에 잔설이 남아 있는 언덕을 올랐다. 해발 1,044m. 거짓말처럼 숲은 찾을 길 없는 황량한 오와쿠다니 분지를 만난다. 끊임없이 계속된 화산 활동으로 유황 가스와 수증기를 뿜고 있었다. 로프웨이는 약 200m 상공으로 분화구를 통과하는데 강한 기류가 교차하며 심하게 흔들렸다. 멀리 많은 첩(구름)을 거느린 후지산이 보이고 발아래 유황 가스는 쉴 새 없이 땅을 박찬다. 오와쿠다니역 기념품 가게에는 발 디딜 틈 없을 만큼 많은 사람이 저마다 종종걸음으로 오가고 있었다.

우리는 7년의 수명을 연장한다는 유황 분출수로 삶았다는 검은 달걀을 먹으며 입가에 미소를 피워 올렸다. 곳곳에 잔설이 남아 있는 가파른 언덕을 넘으면 상상을 초월한 거대한 화룡이 깊은 잠에 빠져 있다. 쉴 새 없이 박동하는 심장에서 뿜어내는 유황 가스가 1,100 고지의 강한 기류와 만나 로프웨이 멱살을 잡는다. 아찔아찔 두리번거리니! 가만히 손을 내미는 후지산 로프웨이는 몸을 곧추세우며 안도의 숨결을 토한다. 화룡의 콧바람에 자지러지며 검은 진흙팩을 한 달걀이 알토란 같은 알통을 자랑한다.

오와쿠다니를 출발한 로프웨이는 2시 57분 도겐다인

항에 도착했다. 유람선 출발 시각을 물으니 아직 시간이 남아 있었다. 유람선을 기다리며 인근 레스토랑에서 돈가스 등으로 허기를 채웠다. 3시 30분 해적선 바사호를 타고 도겐다인 호수를 미끄러지기 시작했다. 우리들은 바사호의 간판과 객실을 오가며 강한 바람에 일렁이는 도겐다인 호수의 비경에 푹 빠졌다.

분화구의 유황 가스처럼 쉴 새 없이 용솟음치는 은원의 물결, 어느새 하얀 피가 흥건하다. 수많은 세월 흩뿌려진 생사문, 케케묵어 덕지덕지한 눈물이 포말로 일어서는 까닭은 무엇 때문일까? 오싹오싹 소름이 돋는다. 천지를 흔들던 굉음은 정의 공간에 잠들었지만 잠을 이루지 못한 오와쿠다니 나지막한 독백이 가슴을 찢는다.

부글거리는 아시호수, 격조된 북소리가 울리고 키를 잡은 아귀에 창궐한 땀샘은 점점 달구어 감당할 수 없구나! 스르르 눈 감으니 하나가 된 바람과 돛의 고조된 숨소리가 삶의 지표를 말하고 있다.

멘츠카스카네에 도착하자 하코네유모키행 버스가 대기하고 있었다. 우리는 화장실 갈 여유도 없이 버스에 몸을 실었다. 버스는 콩나물시루를 연상할 만큼 많은 사람이 타고 있었다. 맨 앞자리에 타고 있어 해 질 녘 구불구불한 급경사를 달리는 스릴과 풍광을 함께할 수 있었다.

하코네유모키를 출발한 로망스카를 타고 오후 7시 8분 신주쿠에 도착했다. 신주쿠 천연염색 제품이 주류를 이룬 할인매점에서 쇼핑하고 8시 43분에 저녁 식사를 했다. 메뉴는 소 혀 직화구이였는데 고기라 믿기지 않을 만큼 부드러웠다. 당신은 현대문명을 평정한 파이터, 말도 많고 탈도 많은 바람의 앙상블, 네가 했던 온갖 덕담과 흉담이 돌과 담쟁이가 조화를 이루듯 뻔뻔하게 버티고 있는 천연의 요새, 매일 밤 말 달리는 마녀사냥은 어둠과 빛의 팽팽한 줄다리기, 안간힘을 다하는 힘의 대칭에서 바람은 스멀스멀 기억을 잃는다.

흐르던 물이 게으름의 정점에 달할 때 평화가 도래한다는 착시 현상, 잠든 모습은 평화롭지만, 기나긴 잠은 죽음을 의미하는 것. 너의 딴지를 걸어 현실을 경계하고자 핏기가 채 가시지 않은 너를 일으켜 해 질 녘 일어서는 금빛 윤슬로 오금 저린 눈동자에 덧칠하여 두고두고 꺼내 먹는 밑반찬으로 불면의 밤 머리맡에 놓으려 했다. 사르르 녹아드는 아이스크림처럼 혀끝에 색안경 끼우는 날 가슴으로 말하는 맹인이 되었다.

식사를 마치고 Jr 16 전철에 9시 16분 승차하여 9시 30분 히가시나카나역에 도착했다. E번 출구 계단을 내려오며 분주했던 하루를 마무리하려 마트에서 라면과 간식을 사 10시 10분 숙소에 도착했다.

　1월 13일, 아침 식사 후 숙소가 있는 히가시나카나역에서 전철을 타고 신주쿠역에 내려 지하도를 돌고 돌아 츠키지 재래시장행 전철로 환승하여 녹번기역에 내렸다. 위층으로 가는 에스컬레이터를 5번 갈아타고 3번 출구로 나와 희비야역 환승을 위해 개찰 후 에스컬레이터를 한 번 더 타고 내려와 희비야역에서 다시 전철을 타고 12시 13분 츠키지역에 도착하여 2번 출구로 올라오니 수산시장이 보였다.
　수산시장 촬영. 김밥 계란말이에 매료된 일행은 긴 줄 꽁무니를 잡았다. 요리사의 이마엔 진땀이 맺혔지만, 마냥 즐거운 손놀림은 달인의 경지에 다다른 듯 보였다. 우리는 도로 옆 시멘트 블록에 걸터앉아 설레는 마음으로 시식을 하였는데 전설적 맛을 기대했던 까닭일까, 매우 만족은 아니지만 환한 미소로 답했다.
　츠키지 재래시장 30여 명의 긴 줄이 움찔움찔 무엇을 말하려는 걸까? 침샘을 찬탈하는 미학, 여기저기 몰려든 물고기, 물을 만난 물고기의 아구창에 돌개바람이 일었다. 계란으로 만든 바람개비, 끊임없이 뿜어내는 훈훈한 바람이 봄을 부르고 있다. 새로운 수요 창출, 농수축산물과 가

공식품의 조화, 기상천외한 발상이 어우러져 진화를 거듭하고 있다. 굽이굽이 강을 이룬 사람들 흘러 흘러 어디로 가는가? 언저리마다 지지고 볶는 입술은 예술의 극치를 이룬다. 깊은 강물은 비옥한 둔치를 만들고 자자손손 진화한 담쟁이는 차별과 빈부의 벽을 무력화하겠다며 쉴 새 없이 덩굴손을 뻗는다.

골목에는 각종 농수산물이 갖가지 모습으로 단장하고 손님을 기다리고 있었다. 모찌떡과 딸기가 먹음직스러워 한입 가득 베어 물었다. 호기심을 자극하는 먹거리를 기다리는 줄서기는 여기저기 이어졌다. 굽이치는 강물처럼 빼곡한 사람들은 세계 각지에서 모여든 관광객이 주류를 이루고 있다. 이렇게 많은 사람을 모이게 하는 힘의 원천은 무엇일까? 이 골목에는 자동차가 다닐 수 없다. 아주 오래된 낡은 수레가 새벽에 물건을 옮긴다.

1시 35분 츠키지 전철역에서 교통카드 충전했다. 1시 44분 전철을 타고 환승하기 쉽다는 긴자역으로 향했다. 1시 48분 승차하여 여섯 정거장을 달려 2시 3분 신주쿠역에서 내려 나리타행 열차로 옮겨타고 한참을 달려 나리타공항 2터미널에서 내렸다. 비행기 티켓 자동화기기에서 김해공항행 비행기 표를 발급받았다.

아직 비행기 출발시간이 남아 저녁 식사를 하기로 하

고, 공항식당에 줄을 서서 차례를 기다렸다. 세상을 살아 간다는 것은 자신과의 싸움이었다. 먼저 나를 이겨야 옆에 있는 나무와 경쟁할 수 있고 힘이 있어야 그늘을 만들고 바람을 막아줄 수 있는 여유가 생긴다. 모름지기 사람은 허와 실을 구분할 줄 알아야 하며 자신을 낮추고 상대를 배려할 줄 알아야 한다.

이번 일본 여행에서 직접 보고 얻은 것은 허례허식을 삼가고 검소한 생활을 할 뿐 아니라 대를 이어 가보처럼 생각하는 장인 정신이다. 자연을 사랑하고 분수에 맞는 생활 그것만큼은 우리 생활에 접목해야 할 튼튼한 떡잎임을 알게 되었다.

우리는 자식에게 맹목적 사랑이나 재물보다는 끈끈한 우정과 엄격한 교육으로 바른 인성과 배고픔을 스스로 해결할 수 있도록 살찐 고기를 잡는 방법을 가르쳐주어야 한다.

에필로그

오늘 하루가 선물입니다

2020년 하우스 풋고추 오이 터널 고추 등 재배 면적을 확대하여 30여 년 영농의 대미를 장식하고자 무한한 노력을 기울였다. 그러나 코로나19의 출현으로 예상치 못한 장벽에 부딪혔다.

비교적 젊은 4명의 태국인 부부가 와서 고추를 따기 시작했다. 풋고추 수확은 많은 시행착오를 거쳐야 어느 정도 터득할 수 있는데 그 젊은이들은 걸핏하면 주인 눈을 피하여 스마트폰을 보고 있었다. 두 번의 식사와 한 번의 간식 시간을 질질 끌어 한 시간 가까이 지체하며 요령을 부렸다. 노동력 부족으로 가파르게 상승한 인건비에 미치지 못하는 상황이 발생한 것이다.

코로나 영향으로 하락한 고춧값은 영농을 포기해야 할지 고민에 빠지게 했다. 인력 사장님께 사정을 이야기했더니 얘들이 힘든 일을 가려가며 일을 나간다고 했다. 이번에는 오십 대 배트남 사람이 왔다. 소통이 되지 않아 손짓 발짓은 물론 세밀하게 시범을 보여가며 일을 가르쳤다.

처음엔 진전이 없었지만 세상 경험이 많았던 까닭인지 두 달 만에 풋고추 수확 요령을 터득하면서 고추 재배를 원활하게 할 수 있게 되었다.

아침 5시 식사를 마치고 5시 30분 베트남 인부들을 태우러 갔다. 그들 집 앞에 도착하니 뚜엔과 윈, 디안, 난이 도시락 가방을 갈무리하며 기다리고 있다가 만면에 미소를 머금고 반갑게 인사를 건냈다.

여기에 동네 할머니 한 분을 모시고 하우스에 도착하여 오늘 일감을 설명해주고 관수와 추비 작업을 시작했다. 주 수확은 매운 고추와 왕고추, 오이, 가지, 줄콩 등이다. 수확과 선별 박스 작업을 거쳐 거래처에 택배로 보냈다.

배추 정식이 시작되자 인건비는 가파르게 상승했다. 비가 내린 어느 날 뚜엔 일행은 출근을 거부하는 등 건성으로 일하며 심리전을 펼쳤다. 결국 인천에 있는 말의 통역으로 인건비 협상을 할 수 있었다.

한낮 하우스 온도가 상승하면 노지로 이동하여 작업 효율을 높였다. 5시 30분 인부들을 퇴근시키고 미처 하지 못한 선별과 포장을 하여 택배로 보냈다. 그리고도 아내와 다하지 못한 선별과 박스 작업을 마치면 어느덧 어둠이 짙게 깔린다.

약 5,000평의 고추 재배는 우리를 지치게 하기에 충분했다. 여기저기 아픈 곳이 속출했지만 병원 갈 엄두는 물론 화장실 가는 시간도 눈치가 보였다. 시간을 안배하여 하우스 온도 관리와 일주일에 한 번씩 병충해 방제를 하였는데 1회 방제가 하루하고도 한나절이 걸렸다.

날이 좋을 땐 매일 또는 2~3일에 관수와 추비를 병행하며 하우스마다 고추의 얼굴을 살펴 그들이 원하는 요구를 충족하려 노력했다.

하우스 장기 재배로 인하여 내성이 생긴 온실가루이, 총채벌레, 나방류 등은 방제가 어려웠다. 게다가 5,000평 밭과 밭둑 하우스 제초 작업은 모두 내 몫이었다. 제초 적기를 놓치면 성난 잡초와 실랑이를 벌여야 했다. 오이와 줄콩은 택배가 어려워 일을 마무리한 밤 8시~11시 사이 삼호까지 배달을 다녀와야 했다.

특히 2020년은 코로나와 기승을 부리는 병충해, 긴 장마, 태풍, 낮은 가격, 일손 부족으로 인해 많은 시련을 안 겨주었다.

매년 하우스 최대의 적은 더위와 태풍이다. 한여름 한낮엔 작업이 불가능하여 노지 일감이 없을 때는 차광을 설치해야 하는 수고를 감수해야 했고 작업이 끝나면 바로 제거해야 했다. 태풍이 오기 전, 끊어진 하우스 밴드를 보강하는 등 바람 피해를 최소화할 수 있도록 많은 노력을 기울였다. 바람이 그치면 다시 원활한 환기를 할 수 있도록 조치해야 했다.

2월부터 시작한 고추 농사는 다람쥐 쳇바퀴 돌 듯 촌각의 시간도 허용치 않았다. 와중에 아내 배려로 작업 일정을 조절하여 코로나 위험을 감수하며 당일에 부산까지 치과 치료를 6개월에 걸쳐 13번 다녀왔다.

벌레 피해가 심하여 수확량이 인건비에 역행하였지만 거래처 유지를 위하여 이를 감수하는 지경에 이르렀다. 여기저기 노지 재배가 끝나면서 들녘의 벌레들은 잦은 비와 먹거리를 찾아 다시 하우스로 몰려들었다. 나방의 밀도가 마치 안개꽃을 보는 듯한 착각을 일으켰다. 며칠 전 수확을 포기하고 농약 효율을 높이기 위하여 순을 자르고 새순에서 고추를 수확하기로 했다.

약 20일의 수확 공백기에 농약 살포 기간을 단축하여 집중 방제를 시작했다. 이보다 먼저 수확을 마무리한 오이, 줄콩, 가지 밭을 정리하고 퇴비와 석회, 유박 등을 뿌렸다. 심경 후 두둑을 만들고 점적 호수를 설치한 후 비닐 멀칭도 하였다.

미리 기르던 어린 오이와 콩 모종을 심고 아이를 돌보듯 세심한 관리에 들어갔다. 와중에 잠자는 시간을 줄여가며 글을 썼고 미루고 미루던 두 권의 시집을 발간하였다.

힘들고 지칠 때마다 모든 것을 내려놓고 싶을 때가 한두 번이 아니지만 그럴 때마다 시작에 몰두하였고 몸과 마음은 평화를 찾을 수 있었다.

지성이며 감천이라 했던가. 고추 농사는 비교적 풍작을 이루었고 기곡이 심한 노지 농사를 탈피하여 장기 수확이 가능한 새 하우스 설계에 박차를 가할 수 있게 되었다. 새 하우스가 완성되면 내년부터는 더 높은 소득을 기대할 수 있으리라.

오늘 이 어려운 시국에도 내게 일자리가 있다는 것, 글과 함께할 수 있음에 감사하며 불평불만을 쏟아내는 그림자와 티격태격 언쟁을 한다.

농사꾼 시인 오형록
희망일기

초판1쇄 찍은 날 | 2025년 1월 24일
초판1쇄 펴낸 날 | 2025년 1월 31일

지은이 | 오형록
펴낸이 | 송광룡
펴낸곳 | 문학들
등록 | 2005년 8월 24일 제 2005 1-2호
주소 | 61489 광주광역시 동구 천변우로 487(학동) 2층
전화 | 062-651-6968
팩스 | 062-651-9690
전자우편 | munhakdle@daum.net
블로그 | blog.naver.com/munhakdlesimmian
값 15,000원

ISBN 979-11-94544-05-0   03810

· 잘못된 책은 바꿔드립니다.
· 이 책 내용의 전부 또는 일부를 재사용하려면
  반드시 저작권자와 문학들의 동의를 받아야 합니다.
· 표지에 쓴 글꼴은 (사)세종대왕기념사업회에서
  개발한 문체부 쓰기 정체입니다.